JN438294

삶의 진정성을 추구하는 칼럼니스트 김용복의 청론 탁설

저 언덕을 넘어서

김용복 지음

오늘의문학사

국립중앙도서관 출판예정도서목록(CIP)

저 언덕을 넘어서 : 김용복 칼럼집 / 지은이: 김용복. -- 대
전 : 오늘의문학사, 2018
p. ; cm

대전문화재단과 대전광역에서 사업비 일부를 지원받았음
ISBN 978-89-5669-957-8 03810 : ₩15000

한국 현대 수필[韓國現代隨筆]
칼럼집[--集]

814.7-KDC6
895.745-DDC23 CIP2018035986

저 언덕을 넘어서

❥ 책을 펴내며

김 용 복 칼 럼

지난 80년을 어떻게 살아왔는지 모릅니다.

제가 태어났을 때는 일본이 우리나라를 악랄하게 지배하고 있었을 때였습니다. 그러다가 욕심 많은 일본이 진주만을 공격하자 불안을 느낀 미국이 일본에 원자폭탄을 투하함으로 일본이 항복하게 되고, 그 덕으로 우리나라가 갑자기 해방을 맞게 되었지요.

그리고 1948년 8월15일 정부수립이 되었는데도 정치꾼들의 갈등으로 인해 다시 6.25 전쟁을 맞게 됩니다. 그때 제가 국민 학교 4학년, 피란 중에도 미군들이 제공한 천막에서 수업 했던 기억이 납니다.

1961년 4월 제가 첫 발령 받은 곳이 홍성군 광천읍 소재 광흥 중학교였습니다. 첫 월급이 그때 돈으로 환산하여 80kg짜리 쌀 두 가마 값. 그러다가 1974년도에 첫 보너스가 나오게 되고, 1979년도인가 교사들 월급을 100% 가까이 올려주더군요. 교사가 안정된 생활을 해야 학생들을 잘 가르칠 수 있다는 박정희 대통령의 확신에 찬 청치철학이었던 것이지요.

제가 왜 이런 말을 책 서두에 쓰는지 아시겠지요? 먹고 살기에 바빠 문화예술은 늘 남의 이야기였습니다. 그러나 보세요. 요즘의 봄과 가을. 어디를 가나 많은 예술가들의 활동이 얼마나 활발하게 예술 활동을 위해 노력하고 있는지. 거기에다가 나라에서도 문화예술 활동을 위한 지원금까지 주면서 예술 활동을 돕는 게 아니겠어요. 그래서 그

혜택을 받아 활발히 활동하고 있는 것이지요.

보실까요. 필자의 변을.

예술은 '알 수 없는 그 무엇'이라고 말하는 분들이 있습니다. 우리 대전만 해도 '알 수 없는 그 무엇'을 위해 노력하는 분들이 많습니다. 선배들이 이뤄놓은 보이지 않는 그 무엇에 자신의 개성을 담아내는 기술이야말로 진정한 예술이라 하지 않을 수 없습니다. 그래서 제1부에서는 이러한 분들의 노력을 찬양하고 격려하는 글을 담았고, 앞으로도 이런 분들을 찾아 격려하며 칭찬할 겁니다.

요즘은 경제적으로 과거보다는 몇 백배 나아졌다고는 하지만 정신적 궁핍은 옛날보다 더 심한 것 같습니다. 그래서 제2부에서는 삶의 현장에서 일어나는 일들을 고사성어를 인용하여 인문학을 바탕으로 엮어보았습니다. 여기에 게재된 글들은 중도일보를 비롯하여, 세종TV, 뉴스티앤티, 미래 세종일보, 광장21 등 인터넷 언론에 게재 하였던 글입니다.

요즘 정치판 아시죠?

이념 갈등으로 인해 난장판이 되고 있는 것을. 교육현장에서마저도 왜곡된 역사를 가르치고, 태극기 없는 교실에서 이념교육하고 있는 것을. 그래서 제 3부에서는 문재인 대통령 집권 이후 갈팡질팡하는 정치권의 불안정한 모습을 나름대로 정리해 보았습니다. 정론직필(正論直筆)했음을 자부하기에 속풀이가 시원하게 될 것입니다.

2018. 김 용 복

목 차

2부 어떻게 살 것인가

3부 바른 정치를 바라며

김용복 칼럼집

1부

예술에서 길을 찾다

아스토르 피아졸라와 이양 집사님

2018년 8월 22일(수) 저녁 7시. 아스토르 피아졸라가 대전 대흥침례교회에 왔다. 아니, 그가 온 것이 아니라 그 후예들인 알렉스 브라운(피아노), 이혜림(바이올린), 줄리앙 라보르(반도네온), 에릭 둡(드럼), 알렉스 빈츠(기타), 사츠 브라운(베이스), 카라 짐머만(댄서), 루카스 세고비아(댄서)가 아스토르 피아졸라의 전통적인 탱고 음악과 춤을 가지고 온 것이다.

피아졸라는 1921년 아르헨티나의 마르 델 플라타에서 태어났다고 한다. 이탈리아 이민자였던 피아졸라의 아버지는 열렬한 탱고의 팬이었고, 그 덕분에 피아졸라는 어린 시절부터 자연스럽게 탱고 음악과 친숙해질 수 있었다고 한다. 피아졸라의 가족은 매우 가난하게 살았는데, 생활고를 견디지 못한 그의 부모는 1925년, 당시 네 살이던 피아졸라를 데리고 더 나은 삶을 찾아 미국 뉴욕으로 건너갔다.

왜 피아졸라 탱고가 유명한지 설명을 더 해야 할 것 같다.

뉴욕에서 8살 때 그는 반도네온을 배우기 시작해 1931년에 반도네온 음반을 냈으며, 1933년에는 라흐마니노프의 제자 벨라 윌다에게

서양 클래식 음악을 배우며 바흐의 음악에 푹 빠지기도 했다.

그는 1954년에 더 많은 공부를 하기 위해 프랑스 파리로 유학을 갔다. 프랑스 유학 시절, 피아졸라는 당대 최고의 스승 나디아 불랑제 밑에서 공부했다. 나디아 불랑제는 반도네온을 연주하는 피아졸라를 보고 "탱고야말로 바로 피아졸라다. 절대 탱고를 버리지 말라."라고 말했는데, 이에 자극을 받아 피아졸라는 탱고 음악을 예술적으로 승화시킨 새로운 탱고를 만들겠다는 결심을 굳히게 되었다. 칭찬의 힘이었던 것이다.

필자는 '음악은 지키는 힘'에 의해 전수되는 것이라 종종 말하곤 했다. 선배들이 창작해놓은 자랑스런 음악을 그 후예들이 꾸준히 이어받아 지키기에 오늘날 음악 애호가들이 그것을 감상하며 즐기고 있는 것이다.

이렇게 접하기 어려운 아르헨티나의 전통 탱고를 대전대흥침례교회 이 양 집사님이 후원하고, 음악계의 원로 최남인 교수가 섭외하여 감상할 수가 있었던 것이다. 대예배당을 공연장으로 허용해주신 조경호 목사님과 이 준비를 위해 수고한 추승환 사무장 및 그 외 장로님들과 관계자들께 감사하지 않을 수 없고, 하나님께 영광 돌리지 않을 수 없다. 대흥침례교회 교인이기에 이런 공연을 감상할 수 있었던 것이다.

필자는 가끔 대흥침례교인임을 자랑스럽게 여긴다는 말을 자주 했다. 하나님 말씀을 쉽게 전달해주는 조경호 목사님과 내로라하는 음악가와 성악가들이 음악을 통해 자주 감동을 주기 때문이다.

본론으로 돌아가자.

왜, '더 오리지날 탱고'라 하지 않고, '탱고, 더 오리지날'이라고 도치법을 사용하였는가? 방점을 찍기 위해서다. '탱고'라는 말을 앞세워 방점을 찍고 '탱고'가 그 만큼 '오리지날'임을 강조하기 위해서다. 제목을 최남인 교수가 정했는지 알 수는 없으나 고도의 문장 기술을 가진 사람만이 할 수 있는 표현이었다.

오늘 출연한 연주자들은 바이올린 이혜림 말고는 평범한 의상들을 입고 나왔다. 그 흔한 나비넥타이도 매지 않았던 것이다. 그만큼 그들에게는 음악이 일상생활이었기 때문일 것이다. 카페면 어떻고 그늘 나무 아래면 어떠랴. 손에 익은 악기만 있으면 족한 것을.

공연에 앞서 이들을 소개하는 최남인 교수는 "오늘 공연하는 이들은 밥을 먹고 사는 사람들이 아니라 박수를 먹고 사는 사람들이라"고 주문했다. 그러나 뭐 걱정할 필요가 있겠는가? 오늘 참여한 관객 말고도 대흥침례교인들 2만여 명은 박수의 달인들 아닌가.

바이올린 이혜림 이야기도 안 할 수 없다.

바이올린 연주는 머리로 한다고 하였다. 그래서 그랬던가 오늘 밤 그는 활이 말을 듣지 않으면 엄지 검지 손가락까지도 동원하여 통통 튀고 깡충깡충 뛰뛰기하는 연주를 하였던 것이다. 박수의 달인들이 참고 있을 수 없었다. 예서제서 박수가 터져 나왔다. 박수에 인색한 필자마저도 한참동안을 쳐댔으니 그 연주 솜씨를 상상해보기 바란다.

오늘 참여한 피아노 연주자 알렉스 브라운과 베이스의 자츠 브라운은 형제라 한다. 그 형제들이 함께한 연주라 그런지 오늘 공연은 조화를 이루었다. 느려졌다 빨라지고, 빨라졌다가는 숨을 죽이게 하는 연주, 악기마다 각각의 특색 있는 음(音)이 있는데도 제 소리를 죽여 조화를 이루는 연주를 통해 그들은 관객들의 영혼마저도 숨을 죽이게 했던 것이다.

반도네온 연주자 줄리앙 라보르와 드럼 연주 에릭, 그리고 기타 연주 알렉스 빈츠, 베이스의 자츠 브라운 등 모두 신들린 연주자의 모습이었고, 무희로 등장했던 카라 짐머만과 루카스 세고비나의 춤사위는 '땅게라(여)'와 '땅게로(남)'의 진면목을 보는 것 같았다. 사실 무희 홍명원이 펼치는 우리나라 전통 춤이나 서양의 댄서들이 펼치는 댄스는 네 개의 다리를 활용하고 거기에 몸동작과 머리의 움직임으로 조화를 이루는 게 대부분이다. 그런데 오늘 밤 이들이 보인 댄스는 걸을 수만 있다면 누구든지 출 수 있는 춤이 아니라 고도로 발달된 땅게라와 땅게로의 안겼다가 풀어지고, 풀어졌다가는 땅에 눕는 춤이었다. 흔히 탱고는 가슴을 맞대고 추는 춤으로 국내에서는 많이 알려져 있으나 그런 일반적인 상식을 깨버린 춤이었다.

공연되는 1시간 20분 동안 박수의 달인들과 이들 출연자들이 한 덩어리가 되어 어울린 감동의 장(場)이었다.

감사했다. 이들을 초청하기에 후원을 아끼지 않은 이 양 집사님과 최남인 교수, 그리고 조경호 목사님과 추승환 사무장, 교회 장로님들과 관계자 여러분들에게 감사를 표한다.

하우스 콘서트 '쏘울 브릿지'를 아시나요?

음악 애호가들을 위한 공연장인 쏘울브릿지. 독주(獨奏)나 소규모 연주공연을 위해 마련된 곳 쏘울브릿지. 음악을 통하여 많은 영혼을 환희의 세계로 이끌어 주는 곳. 인생 음악을 만나는 곳. 대전 최초의 하우스콘서트 쏘울브릿지. 음악을 좋아하는 당신을 초대합니다.

하우스 콘서트(House Concert)는 단어 뜻 그대로 집에서 열리는 음악회입니다. 쏘울브릿지에서 마련한 하우스콘서트는 연주자와 청중 사이의 친근한 교감을 얻을 수 있으며, 무대와 관객의 경계가 없어 연주자를 가까이에서 열정과 숨소리까지 느낄 수 있는 공간입니다. 따라서 장르를 뛰어넘는 다양성으로 복합적 성격의 문화 공간으로 자리매김하고 있으며 이런 자리 마련으로 인하여 음악 애호가들의 쉼터로 자리매김하고 있습니다.

관객을 위한 안내데스크와 카페테리아, 여유 있는 주차장을 제공하며, 연주, 각종 워크샵 &세미나, 북 콘서트, 촬영, 리허설, 프라이빗 모임, 단체 연습 등, 용도와 사용에 맞게 대관하실 수 있습니다.

그래서 여기 교통 좋고 누구나 쉽게 찾기 좋은 '대전광역시 중구 계룡로 825 희영빌딩 1층'(중도일보 건너편)에 문을 활짝 열고 기다리고 있습니다.

이상은 성문원 지휘자의 인사말이다. 지휘자 성문원, 지휘자이자 성악가로 그 명성이 이미 알려진 소프라노 성문원이 교통 편리하고, 찾기 좋은 곳에 자리를 잡아 리모델링을 하고 새롭게 단원들을 보강해 하우스콘서트를 열었다. 물론 대전의 최초다. 그는 대전 쏘울콰이어 지휘자로 지난해 '찬양뮤직 페스티발'을 지휘하였고, 현재는 아리랑 코러스 음악 감독&지휘자, 쏘울챔버오케스트라 지휘자로 활동하고 있다.

'소프라노 성문원'과 함께 하는 '가곡으로의 초대'는 한국 가곡과 이탈리아 가곡, 독일 가곡을 들을 수 있는 편안한 무대이다. 음악을 들으며 브런치를 즐길 수 있는 쏘울브릿지의 브런치콘서트도 새로운 느낌으로 와 닿는 문화이다.

두 번째 토요일 오전 11시.

하우스콘서트에서 잔잔한 클래식과 우아하게 브런치를 즐길 수 있는 쏘울브릿지의 상설 연주회가 기다려진다.

명불허전(名不虛傳)에 걸맞은 소프라노 이미자

하나님의 여종 이미자!

그에게 명불허전이라는 이름이 그렇게 어울릴 수가 없었다. 생뚱맞게 무슨 명불허전이라 하느냐고? 그래 생뚱맞다고 해도 좋다. 누구에게나 똑 같은 감동을 주었기 때문이다. 오늘 대전대흥침례교회(담임목사: 조경호) 3부 예배에 참석했던 모든 교인들은 그렇게 생각했을 것이다. 그가 찬송을 시작해서 마치고 제 자리로 돌아와 앉을 때까지 5천여 교인들은 숨을 죽여야만 했다. 그래서 필자는 '명불허전' 이라는 닉네임을 그 가녀린 여인 이미자 소프라노에게 붙였던 것이다.

"나는 아무 것도 아닙니다. 주님의 사랑이 없으면. 나는 아무 것도 모릅니다. 주님의 지혜가 없으면"

그의 목울대를 타고 나오는 이 찬양은 처음부터 살포시, 아주 살포시 떨리고 있었다. 바르르 떨리는 그 목소리에 그녀만의 특유한 정감의 음색을 입혀 관중들의 귓가를 울리더니 가슴 속 깊은 곳까지 파고들어 모두가 파르르 떨며 하나님의 은혜를 깨닫게 하였던 것이다. 주님의 사랑이 없으면 아무 것도 아니고, 아무 것도 모르는 인간이라고.

이날 조경호 담임 목사는 요한1서 1절~4절로 성경말씀을 전해주셨다.

"1절, 보라 아버지께서 어떠한 사랑을 우리에게 베푸사 하나님의 자녀라 일컬음을 받게 하셨는가, 우리가 그러하도다. 그러므로 세상이 우리를 알지 못함은 그를 알지 못함이라. 2절, 사랑하는 자들아 우리가 지금은 하나님의 자녀라 장래에 어떻게 될지는 아직 나타나지 아니하였으나 그가 나타나시면 우리가 그와 같을 줄을 아는 것은 그의 참모습 그대로 볼 것이기 때문이니 3절. 주를 향하여 이 소망을 가진 자마다 그의 깨끗하심과 같이 자기를 깨끗하게 하느니라."

그가 이 찬송을 부름은 담임목사의 설교 내용을 미리 알고 있었음일까? 아니면 담임 목사로부터 이런 찬송을 해달라는 주문을 받았음일까? 소프라노 이미자의 특송으로 인해 오늘 주일예배는 은혜 그 자체였다.

그의 찬송에서 제일 먼저 가슴에 와 닿는 감동적인 점은 전곡(全曲)에 흐르는 깊은 고요와 평안한 휴식이었다. 가사도 그러한데다가 그의 차분한 떨림에서 오는 정감어린 음색(音色)이 관중들을 숨죽이게 했던 것이다. 그의 목소리는 비애(悲哀)로 애잔했고 그만의 가슴속에 내재돼 있는 숱한 사연과 살아온 세월들이 그의 가녀린 정감과 어울려 하소연 하는 듯 했다. 그래서 그가 조용히 부르짖는 비애와 정적을 가

습깊이 새기며 5천여 교인들은 숨을 죽여야만 했던 것이다.

이미자의 하소연은 계속 이어지고 있었다.

"나는 아무것도 못합니다. 주님의 능력이 없으면 나는 한순간도 못삽니다. 주님의 생명이 없으면. 이제 내가 사는 것 아니요 그리스도 내 안에 사시니 오직 그의 생명이 나의 생명, 나의 모든 날들도 주의 것.

나는 오직 한 분 바랍니다. 나의 아버지 나의 구원 나의 주,"

처음부터 도치법을 사용해 '아무 것도 못합니다. 아무 것도 아닙니다. 한 순간도 살 수 없다'를 강조했다. 인간의 무능력을 앞세운 다음 주님의 은혜를 강조했던 것이다. 그리고 그는 오른손을 높이 들어 하나님께 요구했던 것이다. 은혜를 내려 달라고. 음악의 나라 러시아나 프랑스에 가서 성악을 전공하지 않았으면 어떠랴! 예수님의 제자들을 보라. 고기 잡던 어부도 제자요 세리였던 삭개오도 주님을 따르게 하지 않았던가? 기교를 부리지 않은 순수한 떨림의 찬양. 바로 하나님께서는 그런 찬양을 원하셨을 것이다.

아아! 하나님의 여종 이미자여!

조경호 담임 목사님의 메시지가 들리지 않는가?

"우리가 지금은 하나님의 자녀라. 장래에 어떻게 될지는 아직 나타나지 아니하였으나 그가 나타나시면 우리가 그와 같을 줄을 아는 것은 그의 참모습 그대로 볼 것이기 때문이니 주를 향하여 이 소망을 가진 자마다 그의 깨끗하심과 같이 자기를 깨끗하게 하느니라"고 희망을 주셨다.

하나님의 자녀이기 때문에 장래에 희망이 있는 것이다. 나는 아무 것도 아니고 아무 것도 할 수 없는 게 아니라, 하나님의 자녀이기 때문에 뭐든 할 수 있고, 희망이 있는 것이다.

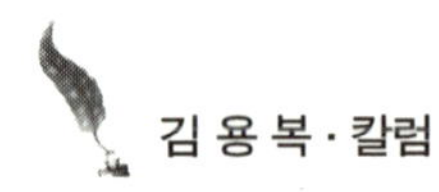

테너 이정환,
그가 토해내는 절규!

2018년 7월 28일 (주일). 역시 대전대흥침례교회 3부 예배. 필자는 대전대흥침례교인이란 것에 대하여 자랑이고 축복이라 한 바 있다. 그것을 오늘 테너 이정한 성도가 다시 한 번 확인시켜주었다.

이날 그는 상대역 소프라노 없이 홀로 강도상 앞에 섰다.

테너는 상대역 소프라노가 있어야 하고 그와 조화를 이루는 베이스와 앨토가 있어야 제격인 것이다. 또한 실연당하고 실의에 빠져 서정적인 음색으로 하소연 하듯 절규해야 감동을 주는 것이다.

그런데 그는, 거느린 다른 아무도 없이 홀로서서 테너의 거장 '테노레 스핀토'처럼 젊고 활기찬 목소리로 강렬하게 밀어붙이며 시편 23편을 찬양했다. 언젠가 필자는 소프라노의 거장 이영신이 시편 23편을 하소연 하듯 토해내는 음색에 취하여 하나님의 깊은 사랑을 체험 하게 되었다고 언론에 발표한 바 있는데, 오늘은 전혀 다른 굵직하고 강한 이미지의 테너에 취하여, 하나님 사랑에 취하게 되었다. 보자. 테너 이정환을 통해 나타난 하나님의 축복을.

「여호와는 내 목자이시오니 내게 부족함 없으리로다.

주께서 나를 푸른 풀밭 위에 누이시며 잔잔한 물가로 인도하시는 도다
내 영혼을 주 소생시키시고 주 이름 위해 의의 길 인도해
내가 사망의 음침한 골짜기로 다닐지라도 해를 두려워 않는 것은
주께서 나와 함께함이라. 주 지팡이가 나를 인도함이라.
주께서 내 원수 목전에서 내게 상을 차리어 주옵시고
기름을 나의 머리에 부으니 내 잔이 넘쳐 내 평생 선함과
인자하심이 나를 따르리니 여호와 집에 영원히 살리로다」

'주님의 이름을 위하여 나를 의의 길로 인도하신다' 했다. 우리 교우들은 이 말씀 깊이 새겨들어야 할 것이다. "주님의 이름을 위하여 우리를 인도하고 계시다"는 것. 70여 년간 교회 출석하며 수없이 불러온 이 찬송 시편 23편. 그런데 오늘에야 이 말씀을 깨닫게 된 것이다. 테너 이정환의 찬양을 통하여.

그렇다. 하나님의 이름을 위하여 하나님께서는 우리들을 의의 길로 인도하시는 것이다. 아아, 이정환 형제여, 이처럼 축복일 수가 없다. 하나님께서는 재적인원 2만여 명의 대흥교회 성도들을, 아니 예수님을 믿는 세계의 모든 성도들을, 하나님의 이름을 위하여 의의 길로 인도하시는 것이다. 교회 출석을 오래 했다고 해서 무슨 소용이겠는가? 깨달음이 없다면. 그 깨달음이 젊고 활기찬 목소리로 강렬하게 밀어붙이며 하소연 하는 테너 이정환을 통하여 영적인 눈이 열리게 된 것이다.

그래, 하나님 안에서는 아무리 부족한 삶이라 할지라도 만족함을 깨

닫게 되는 것이다. 시편 23편은 예수님을 믿는 성도들이 즐겨부르고 낭송하는 성경 구절이다. 그래서 믿지 않는 사람들도 벽걸이 장식용으로 걸어놓고 이 말씀을 즐겨 부른다.

만약 이미자 성도나 양승권 직임 목사가 이 찬송을 불렀다면 어떤 감동이 왔을까? 시편 23편, 다윗처럼 도망 다니며 하나님을 목자로 삼는 사람이라면, 그리고 빚에 쪼들리고, 병마와 싸우는 형제자매들이라면 누구라도 이 찬송을 부르며 하나님께 매달려야 할 것이다.

하나님과 함께하면 두려움과 근심 걱정이 없어지기 때문이다. 오늘도 내일도 내게 부족함이 없으리로다. 하나님을 의지하기 때문에.

축복, 축복인 것이다.

가무락기(歌舞樂技) 향연(饗宴)의 주인공 지유진

소리꾼 지유진! 중요무형문화재 제5호인 오정숙 동초제 판소리 이수자로 동초제 춘향가를 8시간 완창한 대전이 낳은 국보급 소리꾼. 대전 문정초, 탄방중, 대전예술고등학교를 졸업하고 중앙대학교 국악대학 음악극과를 졸업한 수재다.

왜 그를 그렇게 요란하게 추켜세우느냐고 반문하는 이도 있을 것이다. 당연하다. 그는 전주 완산에서 개최된 '전국 국악 대제전'에 출연하여 대상(국회의장상)을 거머쥐었고, 지유진 퓨전국악앨범 "연" 1집을 내었으며, 한국의 소리 보존회 대표를 맡고 있다. 어디 그뿐인가?

천재소리꾼 지유진은 그 특유의 음색을 가미해 우리 소리로 맛과 멋을 만들어내는 장인(匠人)인 것이다. 그의 목울대를 타고 나오는 소리는 '맛'으로 승화되어 가슴으로 파고들고, 또 다른 소리인 '멋'은 눈과 귀를 통하여 머리로 파고들게 하는 재능을 지니고 있는것이다.

멋과 맛의 조화! 이는 천재 소리꾼 지유진만이 가능한 것이다. 그래서 지유진은 대전의 자랑스런 보배요, 판소리계의 유망주로 각광을 받는 것이다.

그런 그가 2018년 8월 26일 오후 2시. 그 문하생들과 함께 중구문화원을 찾았다.

필자는 그의 공연을 2017년 12월 21일(목) '대전 무형문화재 전수관'에서 처음 보았고, 2018년 8월 18(토) 평송문화센터 앞마당 특설무대에서 두 번째로 보았다. 그리고 두 번째 공연모습을 보고는 그를 '천재 소리꾼'이라 했다. 그는 선배들이 이룩해 놓은 판소리를 지키고 흉내 내는 것만이 아니라 새로운 것에 도전하고 창작해 내는 소리꾼인데다가 그의 미모(美貌)가 뒷받침하고 있기 때문이다. 그런 그가 오늘 공연에서는 춘향가의 '사랑가' 대목을 20여 분이나 쉼표 하나 빠트리지 않고 아니리까지 홍얼대며 선을 보였던 것이다.

어디 그뿐인가?

그는 동초제 춘향가를 전반부 4시간, 후반부 4시간 도합 8시간을 완창하고 있다하니 다시 한 번 그의 두뇌가 어떠한지를 짐작할 수 있을 것이다. 혹자는 아무리 머리가 좋다고 하더라도 알파고만 하겠느냐고 말할 것이다. 물론 그렇게 비아냥거릴 수도 있다. 그런 사람은 하나만 알았지 둘은 모르는 바보인 것을 스스로 내보이는 사람인 것이다. 알파고는 과학자들이 입력한 것에만 충실한 답을 내는 것이다. 그런데 지유진 그는 선조들이 생각도 못했던 '웃자'라는 판소리를 스스로 창작해낸 데다가 춘향과 이몽룡의 사랑 대목을 자유자재로 각색하여 이몽룡을 완전히 자기 사람으로 만들어 내는 기술을 가지고 있다. 궁금하면 와보라. 8월 31일 19시 30분 세종예술문화회관엘.

판소리는 혼자서 1인 다역을 하는 연기다. 사또도 되었다가 춘향이 역할도 한다. 아니리(연기)에 소리(노래)도 해야 하고 때로는 발림(몸짓)도 하는 등 1인 뮤지컬을 하는 게 소리꾼이다. 거기에 고수(鼓手)와 호흡을 함께하고 관객들로부터 '얼씨구, 잘한다!' 등의 추임새도 받아내야 한다.

오늘 공연의 제목을 보라. '가무악기(歌舞樂器)의 향연'이라 하지 않고 '가무락기(歌舞樂技)의 향연(饗宴)'이라 한 이유를. '가무악기(歌舞樂器)의 향연'이라 했다면 '가(歌)'와 '무(舞)'를 위한 악기들의 향연이 되는 것이요, '가무락기(歌舞樂技)의 향연(饗宴)'이라 했기에 '가무(歌舞)'를 즐기기 위한 놀이마당이 되는 것이다.

그리고 장래 유망주로 떠오르고 있는 어린 소리꾼 전서영. 그는 국보급 명창 지유진이 온갖 정성을 다해 키우고 있는 제자라 했다. 아직 초등학교 6학년인 그는 벌써부터 '제2회 세종 전국 국악 경연대회'에서 초등부 대상을 수상했고, '제4회 설잠 추파문화예술 경연대회'에 출연해 대전 교육감상을 수상한 귀재라 했다.

그리고 그의 소리를 전수 받으려는 성인(成人) 제자들. 박건호를 비롯하여 최선영, 길민자, 송하선, 송윤영, 김기옥, 김현숙, 오자임, 함용재, 최예자, 박병곤 등.

기대되는 것은 지유진이 이끄는 '한국의 소리 보존회' 정기공연이 이번 춘향가 초입부분으로 시작해서 매년 다음 장면 이어지는 이야기 형식으로 꾸며낼 예정인데 장래 유망주인 진서영 소리꾼도 주인공으로 출연한다는 것이다. 어찌 궁금하지 않으랴. 당시 인기 절정에 있던 이몽룡을 이 두 스승과 제자가 자신들의 뜻대로 쥐락펴락하는 솜씨를.

그래서 필자가 간절히 당부하고 싶다.

요즘 서양 가곡이나 오페라, 가요에 밀리고 오케스트라에 밀려 제자리 지키기에도 힘든 우리 노래 판소리나 민요를 정부나 관계기관에서도 이들 소리꾼 전수자들을 발굴하고 양성하는데 더욱 관심 가져주기를 간절히 바라는 것이다.

통 큰 동문회장 서은숙

통 큰 목원대학교 음악대학 동문회장 서은숙. 2018년 9월 9일(일) 오후 5시, 200여 명의 목원대 동문 음악가들이 함께하는 '목원동행(牧園同行) 음악회'가 열린 날이다. 대전예술의전당 아트홀에서는 이를 감상하기 위한 관객들로 꽉 찼다. 장인순 원자력 박사 내외도 오고, 설동호 대전 교육감, 동형춘 CTS기독교 TV방송 교향악단 단장 겸 상임이사도 왔고, 이창기 다산 학당 학장도 관객으로 참석하였다.

목원대학 음악대학은 중부권에서 가장 오랜 역사를 자랑하는 학교로 1969년 음악교육과를 시작으로 현재까지 수많은 전문 음악가들과 음악교사들을 양성하며 명문 음악대학으로 명성을 떨치고 있다. 이번 2018 동문음악회를 개최하는 이유를 서은숙 동문회장은 모교 음악대학 동문회의 새로운 출범을 알리고 후배들을 위한 장학기금을 조성하기 위해서라고 한다.

필자는 서은숙 동문회장을 '통 큰 동문회장'이라 명명했다. 그런데 관람을 하고보니 통만 큰 게 아니라 '나 보란 듯' 하는 배짱까지 지니고 있는 회장이었다. 보자 이유를.

그는 오프닝 공연을 관악기, 현악기, 금관악기가 협연하는 화려한 협주곡으로 하지 않고, 우리의 전통 악기인 장구를 동원하여 한국음악과 출신 임상혁 리더를 앞세우고, 열일곱 명의 동문들을 동원하여 타악으로 흥을 돋우었던 것이다. 10여 분 동안 두드리고 때리는 것이 이렇게 조화를 이룰 수 있을까? 열여덟 악공들의 들어 올리는 손 높이가 똑 같고, 맺고 끊는 동작이 마치 한 사람 동작과 같으며, 고개 짓으로 추임새를 넣는 모습까지 흥, 그것이었다. 나가서 함께 덩실 더~엉실 춤이라도 추며 그들과 밤새 놀고 싶은 충동이 일어났던 것이다.

서은숙 동문회장은 관객들을 그런 기분을 갖게하여 이운복의 지휘와 바이올리니스트 서미애를 악장으로 하는 '관현악을 위한 아리랑 판타지'로 빠져들게 하였다. 80여 명의 동문 음악가들로 구성된 오케스트라가 등장해 협주곡과 교향곡을 선사한 것이다. 서미애 악장이 리더하며 공연되는 아리랑에 얽힌 이야기를 안 할 수가 없다. 왜 아리랑을 선곡하였을까? 아리랑은 한국의 대표적인 민요이다. 2012년 12월, 대한민국의 인류무형문화유산으로 등재되었다. 그러나 아리랑의 어원은 불분명하다. 그리고 그에 대한 여러 가지 설이 제기되고 있다.

홍선대원군의 경복궁 중수 무렵 고향을 떠나는 부역꾼들이 '나는 님과 이별한다'는 뜻으로 아리랑(我離娘)을 불렀다는 설, 홍선대원군이 경복궁 중수를 위한 당백전 발행으로 원성이 자자하여 차라리 “내 귀가 멀었다”는 뜻으로 아이농(我耳聾)이라 한 것에서 유래했다는 설, 밀양 아리랑의 전설의 주인공 ‘아랑’을 애도한 노래에서 유래했다는 아랑전설(阿娘傳說), 신라 박혁거세의 아내 알영부인을 찬미한 것에서 유래했다는 설 등이 그것이다.

그러나 이런 설(設)도 있다. 동문회장겸 피아니스트인 서은숙은 김규태 목원대 교수가 작곡한 이 노래를 이런 이유에서 이 곡을 선별해서 서미애 악장에게 맡겼을 것이며, 김미자 첼로로 하여금 의미 깊은 연주를 하라고 주문했을 것이다.

참 나를 깨달아 인간완성에 이르는 기쁨을 노래한 아리랑! ‘아(我)’는 참된 나(眞我)를 의미하고, ‘리(理)’는 다스리다는 뜻을 내포하고 있으며, ‘랑(朗)’은 즐겁다는 뜻을 갖고 있는 것이다. 그래서 아리랑(我理朗)은 “참된 나(眞我)를 찾는 즐거움”이라는 뜻의 노래인 것이다. 거기에 “아리랑 고개를 넘어 간다”고 하소연 하듯이 독백으로 흥얼거리는 것은 나를 찾기 위해 깨달음의 경지를 넘어 피안(彼岸)의 언덕을 넘어 간다는 뜻이기도 하다. “나를 버리고 가시는 님은 십리도 못 가서 발병난다.”고 하였다. 무슨 말일까? 진리를 외면하고 오욕락(五慾樂)을 좇는 자는 얼마 못가서 삶의 질곡(桎梏)속에 허덕이게 된다는 뜻인 것이다. 한(限)의 노래나 저급한 노래가 아닌 ‘아리랑’을 선곡한 서은숙의 지혜! 그는 그렇게 동문들을 이끌어 나가고 있는 것이다.

지휘자 이운복 교수의 이야기를 안 할 수 없다. 톡톡 튀고 깡충깡충 뛰는 지휘를 했기 때문이다. 이운복 지휘자의 남다른 지휘를 띄우기 위해 동형춘 지휘자 이야기 좀 해야겠다. 동형춘 지휘자는 대전의 버팀목 같은 지휘자이기 때문이다. 그가 정(靜)에서 동(動)을 이끌어 내는 지휘를 한다면, 이운복 교수는 동(動)에서 정(靜)과 교류하는 지휘를 하는 지휘자였다.

정(靜)에서 동(動)을 이끌어 내는 지휘자 동형춘 교수, 그래서 그런지 그는 바보스럽게 겸손하다. 언제나 어눌한 말투에 자신을 낮추고 있다. 그에 비해 동(動)과 정(靜)을 교류시켜 홍을 돋우는 이운복 교수의 지휘는 양 무릎과 발목까지도 동원하여 지휘를 하기 때문에 마치 홍명원 무희(舞姬)의 쟁강춤을 보는 듯 오묘한 재미가 있었다.

오늘 공연에는 한국을 넘어 전 세계를 누비며 활동하는 동문들이 협연자로 나섰다고 한다. 피아노과 졸업 후 미국 맨하탄 음대 석사, 뉴욕시립대 박사를 거쳐 현재 브루클린 컬리지에 출강하고 있는 피아니스트 이진옥이 '헝가리 판타지'를 연주하고. 또 음악교육과에서 성악을 전공하고 이탈리아 로씨니 국립음악원을 수석 졸업한 후 현재 이탈리아 로마 A.I.D.A 아카데미 교수로 재직하고 있는 메조소프라노 이은선이 비제의 오페라 '카르멘' 중 '프렐류드와 하바네라'를 들려주었다.

한편, 목원 대학 김규태 교수가 작곡한 '관현악을 위한 아리랑 판타지(2011)'는 서양음악과 국악의 오묘한 조화를 느낄 수 있었다. 특히 오늘 공연에는 오케스트라와 함께 사물 금현욱, 박종찬, 안상용, 서현아가 협연해서 분위기를 띄웠다.

마지막을 장식하는 베토벤 '교향곡 9번 라단조 작품번호 125'의 제4악장 프레스토는 120여 명의 동문합창단과 소프라노 조용미, 알토 구은서, 테너 권순찬, 바리톤 여진욱이 함께 해 웅장하고 섬세하며 열광적인 환희의 무대로 펼쳐져 관객들이 기립박수로 응대하는 환영을 받아냈다. 오늘 대전예술의전당 아트홀은 그야말로 감동에 의한 흥분의 도가니 였던 것이다.

서은숙 음악대학 동문회장은 "이번 공연은 지역과 세계무대에서 활약하고 있는 음악가들이 한데 어우러져 우의를 다지는 기회가 되었을 뿐만 아니라 동문들과 학우들이 함께 목원대학교 음악대학의 새로운 역사를 만들어 나가는 기틀을 다지는 기회가 되었을 것"이라고 말했다.

행복했다. 이들이 원근 각지에서 달려와 협연을 한 마음씨가 고마웠고, 오늘 수익금 모두를 자신이 내놓은 5백만원과 함께 동문 후배들에게 장학금으로 쾌척한 것도 흐뭇했다. 바쁜 일정에도 달려와 격려해준 설교육감이나 장인순 원자력 1호 박사 내외, 감상하는 동안 성원을 보낸 동형춘 교수, 그리고 이창기 교수와 그 밖의 필자가 알아보지 못한 귀한 내빈들, 이 분들이 있어 목원대학교 동문 음악회가 나날이 발전할 것이고 필자까지도 행복한 것이다.

주 예수보다 더 귀한 것은 없네

2018년 7월 15일(일) 11시. 대전대흥침례교회 3부예배가 시작되었다. 늘 그랬던 것처럼 예배가 시작되면 목사님의 설교가 시작되기 전 특송과 시온성가대의 찬양에 관심을 갖게 된다. 하나님의 말씀을 듣는데 성도들의 마음을 정화시켜 은혜를 주기 때문이다.

그런데 오늘, 무대에 선 분은 뜻밖에도 양승권 직임목사였다. 대부분 남자 성악가들은 굵직한 목소리의 테너로 음성을 높여 부른다. 내 경우 높은 음은 잘 부를 수는 있으나 은혜스럽지 못하다는 생각이 들 때가 많다. 가슴속 깊은 곳까지 스며들어 감성을 일깨우지 못하기 때문이다.

그런데 오늘은 달랐다.

테너인 듯 테너도 아니요, 베이스인 듯 베이스도 아니며, 소프라노 같기도 하고 베이스 같기도 한, 낮으면서도 무게가 실린 그런 음성으로 은혜를 쏟아 붇고 있었던 것이다. 필자는 지난주일 '나는 아무 것도 아닙니다'를 불러 감동적인 은혜를 받게 한 이미자 집사를 '명불허전(名不虛傳)에 걸맞은 소프라노'라 명명(命名)한 바 있다.

왜 그랬을까?

'명불허전(名不虛傳)'이란 말은 명성이 널리 알려진 데는 그럴 만한 실력이나 사실이 있다는 말이다. 이름이 널리 퍼진다는 것은 그만한 실력(實力)과 노력(努力)과 누구에게나 같은 마음으로 느끼게 하는 감동이 있었기 때문에 퍼지는 것이다.

그런데 오늘 양승권 직임 목사님, 그는 '주 예수보다 더 귀한 것은 없네'를 불렀다. 이 찬송은 가사 자체로도 충분한 은혜를 받기 때문에 음치인 필자가 불러도 은혜스러운 찬송이다. 그래서 이 찬양을 선곡해 부른 양 목사님의 지혜가 더 돋보였다.

한번 보자. 전곡(全曲)이 은혜, 그 자체인 찬송을. 『주 예수보다 더 귀한 것은 없네 / 이 세상 부귀와 바꿀 수 없네/ 영 죽을 내 대신 돌아가신 / 그 놀라운 사랑 잊지 못해/ 세상 즐거움 다 버리고 / 세상 자랑 다 버렸네./ 주 예수보다 더 귀한 것은 없네 / 예수 밖에는 없네.

/ 주 예수보다 더 귀한 것은 없네 / 이 세상 명예와 바꿀 수 없네. / 이전에 즐기던 세상일도 / 주 사랑하는 맘 뺏지 못해 / 세상 즐거움 다 버리고 / 세상 자랑 다 버렸네. /주 예수보다 더 귀한 것은 없네 / 예수 밖에는 없네.』

'주 예수보다 더 귀한 것은 없네' 작곡가 죠지 베러리쉬는 이 복음 성시(聖詩)에서 큰 감동을 받아 세상의 모든 것을 다 버리고 복음성가만을 부르는 세계적인 가수가 되어 평생을 '빌리 그레이엄(Billy

Graham)목사'와 함께 찬양으로 복음을 전하는 사명을 다하고 있다 한다.

마치 세리장 삭개오가 그 부(富)를 버리고 예수를 따른 것처럼. 그도 모든 것을 버리고 성시(聖詩)작곡에 몰두 하였던 것이다. 보자 세리장 삭개오가 얼마나 큰 감동을 받았기에 이런 말을 했겠는가?

"주여 보시옵소서, 내 소유의 절반을 가난한 자들에게 주겠사오며, 만일 누구의 것을 속여 빼앗은 일이 있으면 네 갑절이나 갚겠나이다. 예수께서 이르시되 오늘 구원이 이 집에 이르렀으니 이 사람도 아브라함의 자손임이로다"

세리장 삭개오는 '곱절'이란 말을 쓰지 않고 '갑절'이란 말을 썼다. 갑절은 두 배이고, 곱절은 여러 배라는 걸 모를 리가 없는 삭개오였다. 그런데 갑절에 '네'자를 붙였던 것이다. '네 갑절'이나 갚아준다는 것이다. 얼마나 확실한 약속인가?

그래서 엄청난 축복이 삭개오에게 내려졌던 것이다. 우리 믿는 자들은 이 사실을 그냥 보아넘겨서는 안 된다. 삭개오처럼 확실한 믿음을 예수님께 보여야 할 것이다.

조지 이야기를 계속해보자. 1928년 미국에서의 일이다. 미국 경제는 오늘의 우리나라처럼 밑바닥까지 침체되어 많은 기업체들이 도산위기에 처해 있었고, 청년 실업자들이 속출하여 사회는 말할 수 없이 어려운 상태에 놓여 있었다. 이때 대학에 다니던 아들 죠지에게 아버지로부터 편지 한 장이 배달되었다.

『사랑하는 내 아들아! 네 어머니와 나는 너를 위해 기도해 왔고, 우리가 아는 방법을 모두 생각해 보았는데 아무래도 가을 학기에 너를 학교에 보낼 형편이 되질 않는구나. 힘들어도 네가 한 일 년쯤 일을 하고, 다시 학업을 계속해야 할 것 같다.』

그래서 방송국 편성부장을 알게 되고 그 노래실력이 인정받아 불후의 복음 성시인 "주 예수보다 더 귀한 것은 없네,"를 작곡하게 된 것이다. "주 예수보다 더 귀한 것은 없네, 이 세상 부귀와 바꿀 수 없네. 영 죽을 내 대신 돌아가신 그 놀라운 사랑 잊지 못해. 세상 즐거움 다 버리고 세상 자랑 다 버렸네. 주 예수보다 더 귀한 것은 없네. 예수 밖에는 없네"

양승권 직임 목사는 성도들이, 아니 우리나라 국민들이 돈에 쪼들리고, 취업 때문에 청년들이 길거리에서 방황하는 것을 알고 이 찬양을 불렀던가? 아니면 하나님 은혜를 갈구하는 5천여 대흥교회 성도들의 갈급함을 알고 이 찬양으로 대변 하였을까? 아무래도 좋다.

조지는 금이나 은보다, 아니 어떠한 부귀보다도 예수님이 훨씬 좋아 피아노 건반을 두드려가며 이 노래의 가사에 곡을 입혔을 것이다. 그래서 지금 이 자리, 대전대흥침례교회 3부 예배. 양승권 목사님은 조지의 심정을 헤아려 성도들에게 들려주었고, 피아니스트 황상은 자매도 양 목사님의 얼굴을 곁으로 보며 조심스럽게, 가벼운 손놀림으로 건반 위를 살금살금 기었던 것이다.

축복인 것이다. 대전대흥침례교회에는 최남인 교수를 비롯해, 심성식, 이종문 지휘자도 있고, 교인들의 심정을 잘 대변해주는 내로라하는 소프라노 이영신을 비롯해 김정화, 백승혜, 류하나, 지은주가 있으며, 떨리는 목소리로 감동을 주는 이미자가 있다. 어디 이들 뿐이겠는가. 샬롬성가대도 있고 실로암, 호산나, 시온 성가대도 있으며, 늘 이들의 합창을 돕는 건반 위의 요정, 김은영, 박혁숙, 이선영, 이연실, 전지혜, 황상은, 최윤영, 안지은이 있지 않은가?

자랑스럽고 뿌듯하다. 대전대흥침례교인이라는 것이 이렇게 자랑스러울 수가 없는 것이다.

퓨전국악그룹 풍류와 솔리스트 디바

대전을 지키는 음악계의 버팀목 솔리스트 디바! 모두 이렇다할 해외 유학파들로 구성된 디바. 평송청소년문화센터에 상주하며 오페라, 뮤지컬 등 공연과 퍼블릭 프로그램으로 활동하고 있는 〈솔리스트 디바〉는 여성 성악 앙상블로 2004년도에 창단했다 한다.

그 디바가 퓨전국악그룹 풍류와 함께 '전국악그룹 풍류와 솔리스트 디바의 시원한 음악회'라는 이름으로 여러분을 초대한다. 2018년 8월 18일(토요일) 저녁 8시 '평송청소년문화센터 앞마당 특설무대'란다. 남녀노소, 갑남을녀 모두 무료로 초대 한단다. 음악에 문외한인 필자에게도 알려와 아내와 손잡고 무더위로 지친 심신을 시원하게 풀 예정이다.

가슴이 떨린다.

대전에 뿌리를 두고 전국 무대에서 각자 솔리스트로 활발한 연주활동을 펼치고 있는 여성 성악가들로 구성된 미희(美姬)들이 펼치는 무대이기 때문이다. 그들은 고고하다. 그리고 이름난 음악대학에서 성악을 전공한 내로라하는 성악가들이고 오랜 무대 활동과 경륜을 쌓은 인재들인 것이다. 거기에 그들은 모두 '지키는 힘'을 가지고 있는 성악가들인 것이다.

지키는 힘!

음악은 시간 위에 펼쳐진다고 하는데 오랜 세월이 흐르는 동안 그것을 지키고 이어 받는 후배들이 면면이 이어오면서 지키고 있기에 오늘날 우리가 즐길 수 있는 것이다. 그래서 지금 들리는 소리만 가지고는 음악을 파악할 수 없는 것이다. 선배들이 어떤 환경에서, 어떤 심경으로 노래하였는가를 심안으로 보아야 하기 때문이다. 여기에 필자가 한 마디 더하고 싶은 것이 있다. 무엇인가? 사람의, 특히 성악가의 목울대를 통하여 나오는 음색이야말로 '사불여죽 죽불여육(絲不如竹 竹不如肉)'인 것이다. 무슨 말인가? '현악기는 관악기만 못하고, 관악기는 사람의 육성만 못하다는 뜻이다. 즉 악기보다는 사람의 목소리가 더 낫다는 말이다. 그래서 그랬을 것이다. 솔리스트 디바의 공연에는 오케스트라나 음악 발표회에서 흔히 볼 수 있는 기타나 바이올린 등의 현악기들을 동원하지 않았다 한다.

보라! 소프라노 거장(巨匠) 이영신이 심금(心琴)까지도 울리는 애원하듯 처절하게 쏟아내는 절규를. 그리고 이번 공연은 소프라노 이영신의 지휘 아래 내로라하는 김윤희(소프라노), 구은서(메조 소프라노), 권순찬(테너), 박세환(피아노)이 출연하여 그들 특색의 음색과 동작으로 관객을 맞는 것이다. 더구나 권순찬의 격조 높은 테너의 진가를 음미 할 수 있는 좋은 기회인 것이다.

소프라노의 상대역으로 등장하는 것이 테너인 것이다. 테너인 권순찬 그가 이영신의 상대역으로 등장하는지 김윤희나 구은서의 상대역으로 등장하는지는 8월 18일 저녁 8시나 되어야 알 수 있다. 그가 부르는 테너의 힘차고 열정적인 하이 C음은 이날 밤 '평송청소년문화센터 앞마당 특설무대'를 압도하는 성악 최대의 진수가 될 것이다. 그것을 이날 여기에 참석하는 모든 음악애호가들이 감상하게 될 것이다.

설레지 않을 수 없다.

이들은 모두 2004년을 기점으로 창단연주와 순회연주, 기획연주와 더불어 대중을 찾아가는 더욱 친근한 무대로 함께하는 음악을 강조하고 있으며, 여성의 섬세한 소리와 아름다운 하모니로 오페라, 뮤지컬 등의 다양한 음악활동을 선보이고 있는 것이다. 또한, 4년째 러시아 니즈니 "노브고르드 국립 오페라 발레 극장" 초청으로 '푸쉬킨 국제 음악페스티벌'에 참가하여 오페라 공연을 선보이는 등 국내 뿐 아니라 국제적으로 왕성한 연주 활동을 하고 있으며, 더욱 다양하고 활발한 국내외 활동을 하고 있는 단체인 것이다.

그럼 또 보자, 〈솔리스트 디바〉가 초청한 〈풍류〉라는 단체. 출연진 모두 이 분야에서 내로라하는 조성환(예술감독 겸 피리), 김미숙(해금), 김영덕(타악), 김보경(타악), 지유진(국악보컬), 고애니(가야금), 이슬(대금/소금), 박세환(피아노)들로 구성되어 있다. 〈풍류〉는 한국 전통 음악을 모체로 클래식, 재즈, 팝, 춤 등 다양한 장르를 크로스오버하여 새로운 음악세계를 구축하고자 2009년 2월에 창단하였으며 현재 세종특별 자치시 공연장 상주 단체로 활동하고 있다한다. 그들은 진정한 풍류정신을 바탕으로 자연과 인간, 생명과 평화, 나눔과 소통, 영성과 깨달음을 모토로 치유의 음악을 추구하고 지역공동체 사회에 기여하는 열린 음악을 지향하고 있으며, 현대인의 감성에 맞는 창작 작업을 지속하고 있고, 그 결과물들이 세계 속에서 경쟁력 있는 월드 뮤직으로 자리 잡을 수 있도록 혼신의 노력을 기울이고 있다고 한다. 그래서 야외 특설 무대에서 펼쳐지는 이번 공연은 무더운 한 여름밤의 열기를 식힐 수 있는 양악과 국악의 조화로운 무대로 꾸며진다는 것이다.

"DIVA"와 "풍류"가 함께 펼치는 양악과 국악의 향연!

특히, 2018년 대전문화재단의 공연장 상주단체 육성지원 사업에 선정된 〈솔리스트 디바〉가 〈퓨전국악그룹 풍류〉를 초청하여 교류 공연을 펼친다는 것은 평생에 한 번 볼 수 있을까 하는 기회인 것이다. 대전문화재단의 후원을 받아 공연하기에 입장료가 무료인 것이다.

더구나 이들은 우리 대중과도 친근한 타(打), 웃자, 난감하네, 프런티어(Frontier), Mon coeur 's ouvre a ta voix, 엄마야 누나야, 시나위 등을 선보인다 하니 기다려지는 것이다.

활력이 넘치는 곳 유천1동 노래교실

내가 좋아 사랑한 사람 당신밖에 없는데 / 백 년 가고 천 년 가도 변하지 않을 겁니다./ 꿀맛 같은 내 사랑 영원한 내 사랑 / 벌 나비 되어서 꽃 찾아 날아온 사람/ 당신이 허락한다면 당신 곁에 남아서 / 사랑 받고 행복 주는 사람이고 싶어요./ 외롭거나 쓸쓸할 때도 당신 생각뿐인데 / 백 년 가고 천 년 가도 변하지 않을 겁니다.

꿀맛 같은 내 사랑 영원한 내 사랑 / 벌 나비 되어서 꽃 찾아 날아온 사람/ 당신이 허락한다면 당신 곁에 남아서 / 꿈도 주고 사랑 주는 사람이 되고 싶어요./ 꿀맛 같은 내 사랑 영원한 내 사랑 / 벌 나비 되어서 꽃 찾아 날아온 사람./ 당신이 허락한다면 당신 곁에 남아서 / 꿈도 주고 사랑 주는 사람이고 싶어요.

- 〈사랑주고 사랑 받는 사람이고 싶어요〉 -허진주의 천 년 사랑-

2018년 6월 20일 (수) 맑음.

대전광역시 중구 유천 1동 주민 센터 2층 노래교실.

60~70대 젊은(?) 주부들이 어깨를 들썩이며 '내가 좋아한 사람 당신

밖에 없는데, 백 년이 가도 천 년이 가도 변하지 않겠다'고 기염을 토하고 있다. 기염을 토하되 얼굴마다에는 태양이 물려 있고 엉덩이들은 엉덩이대로 들썩거리고, 손뼉은 하늘을 향해 공중 부양하고 있었다.

이렇게 홍겹고 즐거운데 외로움이 어디 있고 서글픔이 어디 있으랴!

노래 강사 허진주의 선창에 따라 50여 명의 젊은(?) 아줌마들의 합창은 창밖을 넘어 유등 마을에 울려 퍼지고 있지 않은가?

허진주 있는 곳엔 늘 허사모들이 있어 허진주에게 힘 실어주고, 허사모 있는 곳엔 노란 유니폼의 허진주가 있어 그들을 춤추게 하며 입 벌려 즐겁게 해주고 있다. 그들은 그렇게 오누이 같고 자매들처럼 지낸다.

어디 보자. 이들이 누구인가?

회장 진각명, 부회장 모선희와 조상순, 감사 장윤순과 이복진, 이사 이천우, 이복례, 윤숙. 그리고 봉사부장에 서금자, 김현순, 최수길. 총무를 막내인 김유미가 맡고 있다. 중년을 넘긴 나이지만 모두가 젊고 표정들이 밝았다. 다른 노래교실도 수없이 다녀본 필자로서도 이처럼 태양을 물고 사는 여인들은 처음인 것 같았다. 30여 평 교실 전체가 '홍' 바로 그것이었다.

너도 홍겹고 나도 홍겹고, 어디 이 젊은 아줌마들 뿐이겠나? 이웃 마을 태평동에서도 젊은(?) 미모(美貌)의 아줌마들이 다섯 명이나 홍겨움에 동참했고, 멀리 복수동에서도 아름다운 여인 이귀순, 이기영 둘이나 왔다. 와서 한 곡조 씩 뽑았다.

"왜 이다지 보고싶을까/ 이슬비가 내리는 밤이 오면은 / 지금은 어디에서..차가운 이 비에 젖고 있을까?/ 말없이 냉정하게 떠나간 당신을/ 목메어 불러보는 내 마음도 모르고/ 오늘도 걸어가는 비 내리는 쓸쓸한 길 연인의길~ 말없이 냉정하게 떠나간 당신을 목메어 불러보는 내 마음도 모르고 오늘도 걸어가는 비 내리는 쓸쓸한 길 연인의 길~ "

태평동 노래교실 이정순 회장이 불렀다. 그리고 함께 온 진정숙, 박종영, 조여남, 임정화 회원들은 춤으로 도왔다.

어디 그뿐인가? '웃음꽃'을 불러 유명해진 임하하 가수도 달려오고, 웃음치료 강사 및 MC로 유명한 한민 강사도 달려와 건강박수도 알려주고 재미있는 만담도 들려주었다.

자, 보자. 임하하 가수의 즐거워 부르짖는 절규를.

"크게 한 번 크게 한 번 웃어봅시다. / 하하호호 하하호호 웃어봅시다./ 꽃중의 꽃 가장 예쁜 꽃 웃음꽃을 아시나요? / 웃을 땐 피었다가 눈물에 지고 마는 / 가까운 듯 먼 웃음꽃. 저마다 아픈 사연 없겠냐만은 / 한숨 보단 미소가 좋지 어깨를 쫙~펴고/ 하하하 호호호 하하하 호호호 크게 한 번 웃어봅시다.꽃은 피고 지지만 / 우리네 인생길엔 오늘도 웃음꽃 피워요. 오늘도 웃음꽃 피워요."

오랫동안 병마에 신음하고 있는 아내를 그 남편이 온갖 정성으로 살려냈다 하였다.

살려내서 그가 좋아하는 노래를 부르게 하고, 음반에 취입도 하게하였으며, 오늘처럼 무대에도 세우고 있는 것이다. 지고지순한 남편의 사랑이 한 여인의 목숨을 살리고 듣는 이들의 가슴을 울리고 있는 것이다. 그는 그렇게 살아났다. 남편의 사랑이 아니면 감히 생각이나 했겠는가? 그래서 웃자고 하였다. 자신만 웃는 게 아니라 주변인들 모두 웃자고 했다. 웃되 하하하 호호호 하하하 호호호 크게 한 번 웃자고 했다. 이렇게 웃으며 사는 것이 남편에 대한 보답이요, 사랑인 것이다. 남편이여! 가녀린 아내를 보듬는 손길에 신의 가호가 임하길 빈다.

노래를 부르면 건강에도 좋고 치매도 안 걸린다고 한다. 병마를 이겨낸 가수 임하하처럼 노래를 '하하호호'하고 부를 때 홍거움은 코를 울리고 비강을 지나서 뇌를 흔들고 모든 뇌의 세포들을 깨운다고 한다. 그래서 소리를 부를 때 큰 소리를 내어 부르는 것이 좋다고 한다.

그래서 그런지 유천1동 노래교실에 참여한 모든 이들은 표정이 밝고 건강해 보였다. 거기에 중년 여인들의 아름다움이 보는 남정네들을 즐겁게 하고 있다. 노래강사 허진주의 지도력이 뛰어나고 보이지 않는 곳에서 함께 해주는 유천 1동 동장(한대진)과 직원들의 따뜻한 배려가 있기 때문이란다.

그럴 것이다. 민(民)이 행복하려면 관(官)의 보살핌이 있어야 한다. 이들 뒤에는 언제나 관(官)이 함께하고 있음을 간과해서는 안 될 것이다. 한 발 더 나아가 이들을 거느리고 함께하는 박용갑 중구청장은 얼마나 든든할까? 일선에서 주민들을 대하는 한대진 동장과 직원들이 이처럼 사랑으로 주민들과 함께하고 있으니 말이다.

오늘도 유천 1동 노래교실에서 울려 퍼지는 노랫소리는 유등마을을 덮고 한밭 고을에 퍼지고 있는 것이다. 우리 모두 즐겁게 살자. 그걸 뒷받침해주는 관(官)이 우리나라 어느 곳이든 있는 것이다.

팔도 초대석,
임세광 당진예총 회장

5월 28일, 팔도 초대석에 한국예술문화단체 총연합회 임세광 당진지회장과 조은아(본명 조창희)당진 연예협회 지부장, 그리고 '너를 사랑해'를 불러 유명가수로 알려진 당진 가수분과 위원장인 유난이가 팔도 초대석에 초대되어 출연하였다. 임세광 당진지회장은 당진지역 예술가들의 수준 높아져 가는 활동이야기를 나누며, 한국예총 당진지회장으로서의 포부를 밝혔다.

이들이 출연한 팔도 tv는 우리 주변의 명인, 명사, 숨은 일꾼 또는 명문, 명물, 명품, 알찬 사업을 일궈가는 기업인 등 각계각층의 공직자, 문화예술인, 경제인들을 초대하여, 대외적인 화제 거리와 함께 내면적인 진솔한 삶의 이야기를 엮어가며, 연예인의 공연으로 대담 현장을 장식하는 인물 조명 모바일 프로그램인 것이다.

이날 진행은 명MC에 축제전문 초청가수이면서 '대전 아리랑'으로 유명한 허진주 가수가 맡았다.

☛우선 초대 주인공 임세광 당진지회장의 약력을 보면

▶ (사)한국예총 당진지회장

▶ 충남 당진시 문화진흥예술위원회 위원

▶ 충남 당진시 계동복지센터 운영위원

▶ 충남 당진시 면천면 원동리 이장

▶ ㈜월드전람 이사

▶ 전)충남정책서포터즈 당진대표

▶ 전)(사)한국문인협회 당진지부장

평생을 문화예술을 위해 살아왔다고 해도 과언이 아닐 정도로 문화예술을 위해 경륜이 풍부 했다. 그런 그가 한국예총 당진지회장 직을 맡은 것이다. 왜 어깨가 무겁지 않으랴.

임세광 회장은 당진지회장으로서 포부를 묻는 질문에 재임 기간 동안

첫째 회원들의 소통을 위하여 힘쓰겠다.

둘째. 회원 인프라 구축에 힘쓰겠다.

셋째 지역에서 활동 중인 단체와 동아리들과 소통하겠다.

넷째, 협회의 재무건전성을 개선할 수 있도록 신규 사업을 발굴하겠다고 했다.

끝으로 그는 예술인 간의 소통과 인프라구축, 재무개선과 화합을 강조하면서 무엇보다도 소통의 창구가 필요함을 역설하였다. 기대가 크다.

☛ 당진 연예협회 지부장 조은아

그는 '눈치 없는 세월'을 부른 당진이 낳은 가수다.

2010년 해나루 드림난타 기지시 줄다리기 설립 이후 11년 동안 희망봉사단 단장을 맡고 있으며, 의용소방대 부대장을 역임했고, 13년간 당진시 레크리에이션 가맹점 단체장직을 맡고 있으며, (사)한국연예인 총연합회 당진지회장을 겸하면서 당진에서 행해지고 있는 각종 이벤트행사에 진행을 맡고 있다 했다. 어디 그뿐인가? 송악 주민자치 의원 활동, 찾아가는 행복마차, 점식식사 접대와 공연으로 각 마을을 방문하여 거리음악회를 여는 등 적십자 은빛님 생신 잔치 및 한사랑 나눔 활동 모금 공연에도 앞장서서 활동하고 있다 했다. 한마디로 당진이 낳은 '당진의 봉사왕'이라 할 수 있다. 이런 그가 임세광 회장과 함께하고 있으니 당진의 문화예술 활동이 활성화 되리라 기대가 크다.

그의 히트곡 '눈치 없는 세월'을 보자.

『세월아 세월아 구름 따라 가는 세월아/ 소리 없이 가지 말고 너랑 나랑 쉬었다 가자/ 눈치 없이 찾아오는 너 무정하게 떠나는 구나/ 미련도 후회도 없이 가지 말아라 너만 가거라. / 죽도록 매달려 봐도 어차피 잡을 수도 막을 수도 없다면/ 천년 세월아 만년 세월아./ 좋은 세상 멋지게 살자』

2017년 4월 7일 당진 기지시 줄다리기 민속축제시 개막식 축하공연

때 부른 노래라 한다. 구름 따라 정처 없이 흘러가는 구름아 바삐 서둘러 가지 말고 나와 함께 쉬었다가자. 눈치 없이 찾아왔다가 무정하게 떠나려거든 너만 가거라.

그의 하소연에 가까운 '세월아 너만 가거라'의 외침은 나여린 여인의 목울대를 통하여 150만 시민이 숨 쉬고 사는 한밭 벌에 울려 퍼져 나갔다. 이곳에 모인 방청객들도 숨을 죽여야만 했다. 갱년기를 겪고 있는 여인의 처절함을 대변이라도 하듯, 그의 노래는 절규에 가까웠다. 이런 가수와 함께하는 임세광 지회장이 부러웠고, 당진시 여인들이 행복해 보였다. 당신들의 말못할 사연을 대변해주기 때문이다. 대변하되 노랫말에 음을 넣고 색을 입혀 사람들의 가슴 속 깊은 곳까지 파고들어 숨까지 제대로 쉬지 못하게 하였기 때문이다. 필자도 이 하소연하듯 절규하는 노래를 들으며 천 년 세월을 함께하고 싶은 충동이 일었다.

☛ '너를 사랑해'의 유난이 가수

가수 유난이도 당진시 모든 축제마다 동참하여 활기를 불어 넣는 가수라 했다. 송악읍 주민자치 위원으로, 상록문화재와 면천 진달래축제, 장고항 실치축제 등, 조은아 지부장과 함께 당진시 문화예술 발전을 위해 함께노력하고 있으며, 긍정적이고 마음씨가 고와 당진 주민들로부터 사랑을 받는다 했다. 그런 그가 팔도 TV에 출연해 '너를 사랑해'를 불러 인기를 끌었다.

『사랑했던 기억 속에 함께 했던 너/ 언젠가는 돌아올까 생각해봐도 / 혹시 네가 힘들까 걱정 했지만 / 그건 나의 착각인가 봐/ 이젠 너를 지워야 하는데 / 너무나 사랑했었고 그렇게 아파했는데/ 정말 내가 잊혀 졌나봐 / 그렇게 맹세 했었고 그렇게 다짐했는데/ 말도 없이 내 곁을 떠나간 너 / 그런 너를 잊지 못한 바보 같은 나/ 세월가도 변함없이 너를 사랑해』

아름다운 미모에 지적인 매력까지 겸비한 여인이 사랑했던 남성이 누구였을까? 이별의 말도 없이 소리 없이 훌쩍 떠나버린 남정네가 도대체 누구였단 말인가? 그는 노래 부르며 '너무나 사랑했었고 그렇게 아파했는데'에 가슴 아픈 옷을 입히고 애절하게 방점도 찍었다. 그러나 가수 난이여! 함께 있을 때 설레는 사람보다는 마음 편하게 해주는 사람이 좋고, 함께 있을 때 신경 쓰이는 사람보다는 바늘로 찌르면 피가 콸콸 뿜어 나오는 남성이 더 좋은 것이다.

왜 말없이 떠나간 그 사내를 그리워하며 밤을 지새는가? 눈을 들어 밖을 보라. 이왕 더 넓은 세상 대전에 왔으니 이곳에서 빈자리 채워줄 남성을 찾아보라. 이제 팔도tv를 타고 방방곡곡 울려 나갔으니 가녀린 여인의 하소연을 듣고 찾아올 남정네가 얼마든지 있을 것이다. 그러니 말없이 떠나간 그를 기다리지 말고 방송을 듣고 찾아올, 피가 철철 넘치는 임을 기다리도록 해라. 그는 말로만 아껴주고 걱정해 주는 사람이 아니라 난이의 눈동자를 보며 묵묵히 웃어주는 사람일 것이다.

☛그리고 '천년 사랑(허진주 노래)'을 부른 이애순 가수

그는 한 마디로 천사다. 마음씨는 한없이 착하고 얼굴에는 언제나 웃음이 있다. 남을 헐뜯는 일이 없으니 그를 싫어하는 사람들도 없다. 대전의 여러 요양원을 찾아다니며 노래로, 율동으로 어르신들을 즐겁게 한다.

허진주가 있는 곳에 애순이가 있고, 애순이가 가는 곳엔 내 아내가 따라다닌다. 내 아내는 여러 해 동안 치매로 고생하고 있다. 그런 내 아내가 가수 이애순을 좋아하는 이유는 친절하기 때문이다. 그의 친절은 어르신들의 마음을 달래주기에 아주 안성마춤이다. 그의 허스키한 노래소리가 어르신들의 가슴을 파고 들 때면 너나없이 즐거워 손뼉을 치고 일심동체가 된다. 필자도 그를 좋아하는 것은 말할 나위가 없다.

오늘 팔도 tv에 초대된 임세광지회장, 조은아, 유난이, 이애순 가수, 그리고 진행을 맡은 가수 허진주, 그들의 이런 노력은 당진의 문화예술 발전에 크게 기여하리라 기대된다.

들말 어린이 공원에 펼쳐진 소확행의 행복.

2018년 5월 19일(토) 오후 4시, 대전서구 변동 5거리 '들말 어린이공원' 재개발 촉진을 위한 선도 사업비로 조성된 공원이다. 따라서 이 공원은 장종태 서구청장이 대전 시민 모두가 다양하게 이용할 수 있도록 조성한 도심 속 쾌적한 휴식공간이기도 한 것이다.

오늘 축하공연은 대전 서구청이 주최하고 나래예술단(회장: 양용모 가수)이 주관하였으며, 서구 새마을 체육회에서 후원해서 열린, 지난 4월 28일(토)에 이은 두 번째 축제다. 첫번째 축제시에는 대전 아리랑으로 유명한 허진주 가수와 천년사랑(허진주 노래)를 부른 이애순 가수가 열연하였다.

이번에는 다우 뮤직 소속의 정삼 가수가 사회를 맡고, 퓨전난타(대표: 김순옥)회원들이 무대를 열었다. 인근 주민 수백 명이 관람했던 이 축하공연은 여러 명의 가수와 노래자랑 출연자들이 많았으나, '언약'을 불러 유명해진 가수 허산을 비롯해, 나래 예술단의 회장인 양용목 가수, 또한 미모의 여가수 한다정, 그리고 사회를 맡았던 정삼 가수의 '봤냐고'는 관객들의 열화 같은 앵콜을 받아내기에 충분했다. 거기에 특별 출연으로 깜짝쇼를 한 시인 장종태. 그는 울고 넘는 박달재를 2절까지 열창했다.

한 번 보자. 시인 장종태.

그는 한국인의 멋을 대변하는 인물이다. 한국인의 멋은 어떻게 표현 될 수 있을까?

은은한 미소에 조용함과 날렵하지 않음이 우리의 전통미가 아닐까? 부끄럼이 없는 미소에 상대를 편하게 하는 편안함을 그는 가지고 있었다. 화술에 능하지도 않고 대화에 재치도 없다. 말이 많지 않으면서 상대에게 경계심을 갖지 않게 해주는 그의 은은한 미소. 그런 그가 이곳에 나타나 1940년대부터 유행해 우리민족의 애환이 담긴 울고 넘는 박달재를 2절까지 열창했던 것이다.

『천둥산 박달재를 울고 넘는 우리 님아 / 물항라 저고리가 궂은비에 젖는구려/ 왕거미 집을짓는 고개마다 구비마다 / 울었소 소리쳤소 이 가슴이 터지도록.// 부엉이 우는 산골 나를 두고 가신 임아 / 돌아올 기약이나 성황님께 빌고 가소./ 도토리 묵을 싸서 허리춤에 달아주며 / 한사코 우는구나 박달재의 금봉이야』

그가 왜 이 자리에 와서 울고 넘는 박달재를 하소연이나 하듯 열창했을까? 그것도 2절까지. 사실 2절까지 외워서 부른다는 것은 웬만한 가수 아닌 다음에야 어려운 것이다. 그런데 그는 2절까지를 불렀던 것이다. 그가 열창한 〈울고 넘는 박달재〉는 대한민국 건국(정부 수립)

직후인 1948년 박재홍이 부른 트로트 곡이다. 반야월 작사, 김교성 작곡의 곡으로, 발표했을 때부터 인기를 끌며 박재홍은 대 스타가 되었고 노래에 담긴 서민적인 정서가 공감을 얻어 이후로도 지금까지 애창되고 있다. 반야월이 악극단 지방순회 공연 중 충주에서 제천으로 가는 길에 농부 내외인 듯한 남녀의 이별 장면을 목격하고 작사했다는 일화가 있다.

이제 20일도 채 안남은 6.13지방 선거. 그는 또 다시 이 고개를 넘어야 한다. 마치 농부가 힘들게 박달재를 넘은 것처럼 또 다시 6.13 고비를 넘어야 그의 서구민을 위한 2차 계획을 완성할 수 있는 것이다.

지난 4년보다 앞으로 4년이 더 중요하다고 생각했으리라. 그래야 서구를 균형도시로, 일자리 도시로, 자치도시로, 인본도시로 재도약할 수 있게 되는 것이다. 아! 울고 넘는 박달재. 그는 지금 그런 심정으로 하소연 했으리라.

또한 눈길을 끌었던 이 사람, 안예주.

지역사람들의 재능을 겨뤄보는 가요 경연대회에 출연하여 수십 명의 경쟁자들을 물리치고 대상을 수상한 안예주. 그는 '도련님'을 불러 대상을 받았다.

『도련님 도련님 한양가신 우리 도련님/ 불러도 대답 없고 기다려도 오지 않는/ 무심한 우리 도련님 오늘밤 도련님께/ 고백할래요. 도련님을 짝사랑 했다고./ 사랑하면 안 되나요 좋아해도 안 되나요/ 향단이도 여자랍니다./ 도련님 오시는 날 도련님 오시는 날 / 내 가슴에 점 하나 찍어주세요』

그는 '도련님'이라는 단어에 그 특유의 음색을 입히고 방점까지 찍어가며 하소연하듯 울어댔다. 갱년기 여성의 보편적인 하소연이 아닌 사랑에 실패하고 외로운 밤을 수없이 홀로 지내본 여인 특유의 절규였던 것이다.

그는 아름답다. 거기에 지적인 매력이 풍기는 여성이다. 그런 그가 하고 있는 일은 외롭고 소외당하고 있는 어르신들을 위한 봉사다. 임채원 단장이 이끄는 행복봉사단 부단장으로 일하고 있으며, '오누이 밴드' 보컬을 맡고 지역사회에 재능 기부를 하고 있다 했다.

그리고 오누이 밴드의 대표를 맡고 있는 박문현씨 또한 키타 연주로 한솔요양원을 비롯하여 이곳저곳을 방문하며 재능기부를 하고 있다 했다.

그리고 이 두 모녀(母女), 엄마는 허진주가 지도하는 유천동 노래교실 회원으로 앞 가슴과 등에 태극기를 달고 나와 '무조건'이라는 노래를 부르고, 딸은 엄마의 노래에 맞춰 춤을 추었다. 대전 문화초등학교 1학년 (김민주)이라 했다. 숙달된 무희(舞姬) 보다도 손놀림 발놀림이 어색함이 없이 자연스러웠다. 어린 그는 복고댄스, 골반댄스, 테크노 등을 자연스레 연결해가며 동참한 주민들의 인기를 한 몸에 받았다.

최우수상이 이 두 모녀에게 주어졌다.

오늘 '들말 어린이공원'에서 울고넘는 박달재를 불러 주민들을 즐겁게 한 시인 장종태님이나 이 행사를 주관한 '나래 예술단'과 양용모 단장, 사회를 보면서 '봤냐고'를 불러 주민들을 열광의 도가니로 몰아넣은 정삼 가수, 그리고 김순옥 대표와 '퓨전 난타'회원들, 우리의 전통 고전머리 대가 최성우 가수, KBS 전국 노래자랑 초대가수 양용모, '빵파전'의 주인공들, 허산 가수와 한다정 가수, 그리고 허진주 있는 곳에 언제나 동참하여 분위기를 띄우고 허진주에게 힘을 실어주는 진각명 회장과 그 회원들, 그 외에도 노래자랑에 출연한 지역 주민과 대상을 받은 오누이 밴드 안예주 부단장 등은 모두가 안목자선(眼目慈善) 하는 사람들이요. 시사낙의(施捨樂意)를 위해 소확행(小確幸)을 실천하는 주인공들이다.

상대를 기쁘게 하면 나도 기쁘게 되는 것. 일상에서 느낄 수 있는 작지만 확실하게 실현 가능한 행복 소확행. 그 소확행을 '변동 5거리 들말 어린이 공원에서 관(官)과 민(民)이 합심해서 이뤄내고 있었던 것이다.

주

1. 안목자선(眼目慈善)-잠언 22장 9절의 한문 표현으로 '선한 눈을 가진 자는 복을 받으리니 이는 양식을 가난한 자에게 나누어줌이라'는 뜻.

2. 시사낙의(施捨樂意)-디모데 전서 6장 18절을 한문으로 표현한 말로 '선한일을 행하고, 선한 사업에 부자 되고 나누어주기를 좋아하며 동정하는 자가 되게 하라'는 뜻.

3. 소확행(小確幸)- 작지만 확실한 행복이라는 뜻.

허진주와 함께하는 즐거운 팔도강산

2018년 3월 17일 토요일, 13시. 금산인삼을 홍보하고, 지역경제를 활성화하며, 지역 특산물과 관광홍보 및 지역주민을 위한 힐링콘서트인 허진주와 함께하는 '즐거운 팔도강산'이 금산다락원 대강당에 왔다.

인기 개그맨 김명덕이 재미있는 재치로 사회를 맡고 엄지혜가 곁에서 거들었다. 즐거운 팔도강산은 전국을 순외 하는 방송프로그램으로, 김순재 작가와 김진환 대표가 업무를 맡고 있다.

이 프로가 공연되기까지는 금산군 보건소에 근무하는 송순완 팀장과 한수빈 선생님, 그외 건강 한방대학 언니 오빠들, 그리고 대한노인회 금산지회 태진수 회장님과 박순옥 국장님외 직원 여러분들, 청춘대학 어르신들, 그리고 금산군청 복지과 이환예 과장님, 금산중앙신용협동조합 김천종 이사장님, 바르게살기운동의 박수찬국장, 어디 그뿐인가? 대전 유천동의 허진주를 사랑하는 모임인 허사모의 진각명 회장과 이사 및 회원 여러분들, 또한 관저 사회복지관 청춘대학의 이정자 회장과 학생 여러분들께서 후원을 해 이뤄진 행사라 한다.

대전 가수협회 회장인 김경암 회장을 비롯해 미녀와 야수, 용호, 박우철, 박태일, 현진우, 전부성, 조성자, 명이, 문철, 이애순, 선율, 나윤정, 성탁, 김수현, 나도경, 공연아, 강산, 이은경, 최준, 우리 순이, 신재복, 송미, 황일우, 한영이, 정세우, 정진숙, 보배, 은옥, 영우, 윤혜성, 송아, 정아리, 영웅, 홍성재, 오아라, 그리고 이를 총괄 기획하고 후원회를 만들며 적극적인 홍보를 한 '대전 아리랑'의 가수 허진주가 무대에 섰다.

그리고 이번 공연은 jproDuction, Unimed, Immea가 함께했다. 주관방송사인 리빙TV (관광레저전문체널)와 KT올래TV 인터넷방송과 유튜브를 통해 해외에서도 시청가능하다고 한다.

장장 4시간 이상 진행된 신나고 흥겨운 축제였다. 가수가 바뀔 때마다 백댄서들이 보이는 춤사위는 그야말로 예술 그 자체요, 관객들의 시선을 끌기에 충분했다.

그리고 이 가수 용호, 그리고 그가 부른 '마지막 내 여자'라는 노래.

『당신은 마지막 내 여자야 / 그 누가 뭐라 해도 흔들흔들 흔들리지마 / 내 모든 걸 다 줄 거야. 아낌없이 다 줄 거야 / 내 눈엔 콩깍지라 남들은 말하지만 / 그래도 나는야 좋아』 -1절-

애절하게 호소하며 빙글빙글 도는 춤사위에 넋을 잃고 말았다. 모든 노래는 어느 한부분에 리듬을 터치해야할 곳이 있기 마련인데 가수

용호는 '흔들리지 마 흔들흔들 흔들리지 마' 부분에 리듬에 맞게 음색을 살리고, 두 손 벌려 애원하는 동작을 더했던 것이다.

그리고 아픔을 딛고 꿈을 노래하는 가수, 선율! 그는 가난이 남겨준 상처와 힘들고 어려웠던 시절에 겪어야 했던 기억들을 묶어 '그럼에도'라는 노랫말을 직접 쓰고 거기에 곡을 붙여 세상에 내놓았던 것이다.

『나는 당신에게 스쳐가는 한 순간 바람이었나 / 지난 세월 당신과 나 모든 것을 나누었기에 / 지나온 저 세월 난 정말 그 정 못잊어 / 지나온 저 세월 난 정말 그 마음 못잊어 /그 사랑 주고 받았던 우리였는데 / 먼 훗날 할 말이 없어질까 두려워 / 그럼에도 당신께 당신께 말하렵니다. / 그럼에도 나는 당신을 사랑했다고』

사랑하고 싶은 여인 선율! 애절한 그 목소리에 취해 차라리 눈을 감아야만 했던 가녀린 여인, 세월이 흐를수록 그토록 선율이 못 잊어 하는 남정네가 부럽기도 하였다. 그는 결코 남들에게 꺼내고 싶지 않았던 지난 시간들을 하나 둘 날려 보내는 심정으로 금산 다락원 대 강당에서 수많은 관객들이 지켜보는 가운데 쏟아 내었다. "이제는 지난 시간보다 미래에 대한 희망을 가지고 노래를 통해 사람들과 소통하고 싶다"고.

그리고 대전이 낳은 보배 가수 허진주!

『추억어린 대청호 은빛 물결 / 내 사랑 그대와 손잡고 거닐던 / 그 시절이 너무 그리워 어허 / 나 또다시 왔네 님을 찾아 왔네 / 내 사랑 그대와 불꽃을 피우리라 / 또 기약 없는 이별 팔베게 적시네 / 나 이제 가야하나 나 이제 떠나야 하나 / 사랑 내 사랑 그대 품안에/ 쉬어 가고픈 대전 아리랑』

『사랑담은 보문산 고갯길 굽이 돌아 / 내 사랑 그대와 둘이 속삭이던 / 그 추억이 너무 그리워 어허 / 나 또 다시 왔네 님을 찾아 왔네 / 내 사랑 그대와 불꽃을 피우리라 / 또 기약없는 이별 발베게 적시네 / 나 이제 가야하나 나 이제 떠나야 하나 / 사랑 내 사랑 그대 품안에 / 쉬어 가고픈 대전 아리랑』

-대전 아리랑 1정과 2절-

왜 구태여 2절까지 모두를 소개하는가? 각 지방마다에는 그 지방을 대표하는 노래들이 있는데 우리 대전에도 대전을 대표하는 '대전 아리랑'이 있음을 홍보하기 위해서다.

지면 관계상 모든 가수들을 소개할 수 없음이 아쉬울 뿐이다. 시간이 허락 된다면 오늘 이곳에 참여한 가수들의 면면을 소개하고 싶은 심정이다.

필자가 구태여 논하지 않더라도 금산인삼은 오장을 보호하고, 정신을 안정시키며, 눈을 밝게 하고, 오래 복용하면 몸이 가벼워져 오래 살 수 있다는 것을 우리국민들이라면 익히 아는 사실이다. 그리고 우리나라에서 생산되는 인삼은 면역력증진, 항암활성, 피로회복, 신경안정 등의 효능과 부합된다는 것도 알려져 있다.

고맙다. 이렇게 좋은 금산 인삼의 효능을 홍보하기 위해 저렴한 출연료를 받고 예서제서 달려온 가수들이 고맙고, MC를 맡은 인기 개그맨 김명덕과 엄지혜, 그리고 백댄서들과 후원을 해주신 여러 어른들, 허사모 회원들이 고맙다. 울력, 울력인 것이다. 이렇게 함께하면 안 이루어지는 게 없고 못할 일도 없는 것이다.

가수 이진관, 허진주, 그리고 쥬리킴

가수 이진관이 대전엘 또 왔다. '대전아리랑'을 불러 유명한 허진주 가수와 토크쇼를 하기 위해서다. 유명 가수 '쥬리킴'과 이순이 가수도 토크쇼에 초대 되었고 필자도 초대 되었다. 그리고 이 장면을 '팔도TV'에서 촬영을 하여 모바일로 생방송 하였다.

가수 이진관은 이 자리에서도 '영자만 보여'를 열창하였다. 그의 첫 사랑 영자! 철없던 숫총각 시절의 순수한 사랑, 지금도 영자가 생각나는 뜨거운 가슴, 인기가요 '인생 뭐 있어'를 노래 부르면서 영자를 생각했고, 인기가요 '오늘처럼'을 부르며 첫 사랑 영자를 애타게 부르짖기도 했다. 비 내리는 어느 날 영자와 사랑했던 추억을 그리면서 작사를 하여 부른 노래가 모든 이의 가슴으로 다가와 지금은 인기가요 1위에 올라와 있다.

이진관은 그처럼 첫사랑 영자를 못 잊어 울부짖는다. 어디를 가나, 어디서나 영자만 찾는다. 그러나 이곳 팔도 초대석에 와서는 거짓말을 해댄다. 자기가 부른 영자는 우리 남정네 주변에 있는 일반적인 여인에 불과하다고.

장성한 아들 태루가 아버지의 거짓말을 모를 리 없다. 이제는 가슴

속에만 남은 영자라는 여인을 찾아 울부짖는 아버지가 불쌍했고, 아버지 마음속에 자리 잡지 못한 엄마는 더 불쌍했다. 그래서 그도 기회가 있을 때마다 외쳐 댄다. '아버지, 엄마도 여자'라고. 자 보자. 아들 태루가 아버지 이진관에게 하는 원망의 하소연을.

"아버지, 날씬한 허리 일자로 변해도 / 예쁜 블라우스 청바지입고 / 거울 앞에 서면 엄마도 엄마도 엄마도 여자다. 아버지, 엄마도 꿈이 있고 사랑도 있다. / 몸매도 만들고 쇼핑도하고 젊음을 찾아서 여행도 간다./ 아직도 잘나가는 엄마도 여자다. / 팽팽한 얼굴 잔주름 늘어도 예쁜 선글라스 귀걸이 달고 / 거울 앞에 서면 엄마도 엄마도 엄마도 여자다"

아들 태루는 효자다. 그래서 차마 그 노래 가사 첫머리에 '아버지'라는 명사를 붙이지 못했다. 그리고 아버지 마음속에 전혀 자리 잡지 못하고 있는 불쌍한 엄마를 대신해 아버지에게 하소연하고 있는 것이다. 그러나 진행을 맡고 있는 가수 허진주는 그러한 이진관의 속내를 감싸주고 있었다.

"가수 이진관은 아들 이태루의 매니저도 하면서 아내를 진정으로 사랑하고, 최선을 다해 부자(父子)가 팬 여러분의 가슴으로 다가가려 한다"고. 아자~~~♥ 아자~~~♥.

그리고 중년을 넘겼을까하는 미모의 여성 가수 이순이!

뜨개질을 하다 노래가 하고 싶어 가요제를 여러 번 참가해서 상도 받고, 이제는 남편에게도 인정을 받아 아예 가수로서의 활동을 하고 있다 했다. 그가 부른 신곡 '그대 사랑'은 아직 결혼을 못한 노처녀의 애절한 호소가 담겨있는 듯 아련하게 가슴을 파고들었다.

『절절한 사랑으로/ 행복했던 삶이었어요. / 애틋한 그리움은 / 사랑 있어 아름다워요./ 온몸으로 당신을 / 사모하고 사랑했어요. / 눈물로 펼쳐 놓은 그대 사랑이/ 눈부시게 아름다워요. / 가슴 벅찬 사랑으로 남은 잔 채우리라』 -이순이의 '그대사랑 1절'-

죽는 날까지 함께 살자고 애원하는 여인을 독차지하고 사는 남편은 얼마나 행복할까? 그런데 이순이 가수는 현재형을 쓰지 않고 과거형을 쓰고 있다. '절절한 사랑으로/ 행복했던 삶이었다'고. 그렇다면 헤어진 것이 분명한데 가수 이순이는 노랫말의 주인공이 자기 남편이란다. 새빨간 거짓말을 하면서도 얼굴색 한 번 변하지 않는다.

가수 이순이여! 그렇다면 당신은 누군가와 너무나도 오랫동안 사랑에 빠져있었고, 그 사랑은 결말에 이르지 못했던 것 아닌가? 그러니 영원한 동반자 곁에 있는 남편을 위해 새롭게 출발하라. 우선 폰에 기록된 그 사내의 폰 번호부터 지우고, 갱년기를 훌쩍 넘긴 그대 몸매를 남편을 위해 새롭게 치장도 하고, 남편과 함께 할 수 있는 취미를 만들도록 하라. 그런 과거를 모르고 당신을 따라 다니며 매니저 노릇하는 남편이 불쌍하지도 않은가? 아자~~~♥ 아자~~~♥.

가요계의 거물급하면 당연히 쥬리킴을 꼽지 않을 수 없다. 그만큼 가요계에서는 널리 알려진 중견 가수인 것이다. 어려서부터 부유한 가정에. 외동딸로 부러움이 없었지만 외국에 13년 동안 있으면서 어린 자식과 부모형제를 그리워하며 작사를 했고, 노래도 불렀다. 그리고 그를 위해 모든 걸 바치시던 어머니가 연로하여 거동이 불편할 때 8년 동안 대소변 받아내며 어머니를 보살폈다 한다. 그뿐만이 아니다. 못 다한 효도를 노래로 바치며 사업을 하고, 방송제작을 하며 신인가수들을 키워주는 등 바쁜 일정으로 살아간단다.

그는 "어르신들을 위해 효 잔치를 해드리는 아름다운 선배가 되고 싶다"고 입버릇처럼 말하며 후배를 위하고 어르신들을 공경하는데 앞장서고 있다. 그가 어머니를 생각하며 부른 '어머니'를 보자.

『어머님 두 손을 잡고 하염없이 눈물만 흘려봅니다. / 그 옛날 그 상처에 약 한 번 못 바르고 / 나만 보며 살아온 당신. / 내게 주신 사랑만큼 주름이 지고 비바람 칼바람에 날 지켜주시던 / 어머님 가지마소 / 가신다면 다음 생에 그대의 자식으로 / 또 한 번 살게 해 주오』

노래 부르며 쥬리킴도 울었고, 방청석 관객들도 눈물을 흘리며 위로했다. 이 노래는 쥬리킴의 디바쇼 때 상여가 나오는 대규모 퍼포먼스로 유명한 곡이며, 어머니의 49제를 디바쇼에서 한 것으로도 더 유명하다. '어머니'노래 리허설 당시 멈추지 않는 눈물 때문에 얼굴이 많이 부은 채로 무대 위로 올라가야만 하는 안타까운 상황도 있었다고 했다. 그의 효심 어린 눈물 때문인가? '어머니'라는 이 노래가 가요 차트 순위에 오르게 된 것이다.

특히 이 노래는 어머니가 생존해 계실 때 부른 노래로도 유명하다. 어머니께서 다리가 점점 마비되어 가는 것을 노환(老患) 때문에 마취를 하면 깨어나지 못 할 수도 있다해서 수술조차 못하시고 고통스럽게 명(命)을 이어가시는 모습을 눈앞에서 보면서 어머니에 대한 미안함과 자식의 안타까움이 노래 속으로 전해진 가슴 아픈 노래이다.

그는 팔도TV 녹화중에도 이 노래를 부르며 어머니를 찾았고 눈물을 흘렸다. 그리고 그는 '어머니는 나의 음악의 시작이자 끝'이라고 하며 어머니에 대한 애절한 그리움을 그 특유의 음색을 가미하여 청중들의 눈물을 선물로 받았다. 그는 한때 맨발의 이사도라였고 현재는 금융업계의 마당발로 통하는 성공한 사업가라 한다. 젊은 시절에는 무용단을 만들어 10년 동안 해외공연을 하며 국위선양을 했는가 하면, 귀국해선 금융업에 뛰어들어 나보란 듯이 성공한 사업가로 자리 잡았다 한다.

쥬리킴의 지극한 효심! 아~아, 효녀 쥬리킴이여! 버팀목이 되어 주신 어머니를 편히 놓아드려라. 그리고 먼 훗날 그 어머니의 딸로 다시 환생하기를 빈다. 쥬리킴, 지금 이 시간, 당신은 무대 위에서 어머니를 부르며 울고, 나는 이 글을 쓰며 그대의 효심에 감동되어 눈물을 흘린다. 아~아 어머니, 어머니!

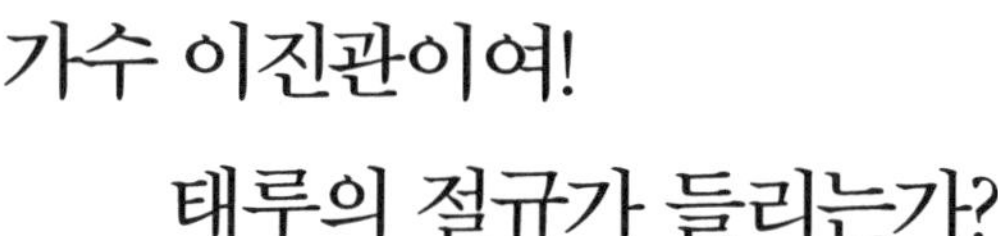

가수 이진관이여! 태루의 절규가 들리는가?

가수 이진관은 첫사랑 영자에 미쳐 평생 그의 환상에 젖어 운다. 영자가 떠나던 날 그 앞에서 가지 말아 달라고 울며 애원했다.

가지마세요. 그냥 가지 말아 주세요. 한 번 더 그대의 품안에 안겨 사랑 받고 싶다고도 했고, 가슴조이며 만났던 날들 어떻게 잊을 수 있냐고도 했다. 달콤한 그 말 거짓이었냐고, 송두리째 잊어야 하냐고 절규까지 했다. 이제 떠나면 남남인 것을 언제 다시 우리 만날까 하소연도하고, 마주보면 눈물이 나온다고도 했다. 그러면서 거기에 절규에 찬 음색을 가미해 애절함을 더했다.

그리고 세월이 흘렀다. 시간이 약이라는데 가수 이진관의 상사병(相思病)에는 시간이라는 특효약도 소용이 없었다. 그리고 오늘처럼 아직도 영자를 그리워한다고 그 변함없는 사랑을 전파에 실어 보냈다.

당신이 보고 싶어 고통이었다고, 냉정히 싫다고 고백했다면 가슴은 아프지만 잊을 수 있을 거라고. 사랑했던 사람이여 아주 잊지는 말아 달라고. 오늘처럼 바람 불면 당신 숨결이 그립다고.

그러구러 세월이 또 흘렀다. 떠나버린 영자만을 언제나 그리워하며 눈물을 흘릴 수는 없었다. 다른 여인과 결혼을 하고 그 사이에서 아들 '태루'가 태어났다. 어렸던 태루는 아버지가 많은 사람들에게 인기를 끌며 무대 위에서 절규하듯 부르는 노래가 좋았다. 아버지가 부르는 노래를 많은 사람들이 좋아하는 그 모습이 좋게 보였기 때문이다.

그러나 이제는 태루도 성인이 됐다. 아버지가 왜 저러는지를 알게 되었다. 아버지 가슴속에 자리 잡지 못하고 허상뿐인 엄마가 불쌍했다. 아니 수십 년이 지난 오늘날까지도 잊지 못하고 방황하는 아버지가 더 불쌍하게 보였을 것이다. 그래서 아버지에게 왜 그러느냐고 따져 묻지는 못하고 '아버지, 엄마도 여자다'를 외쳐댔던 것이다. 영자만 여자냐고? 엄마도 여잔데 엄마 가슴에 왜 상처를 주느냐고?

우리 엄마도 날씬한 허리가 일자로 변해도 예쁜 블라우스 청바지 입고 거울 앞에 서면 모든 남자들이 곁눈질 하며 바라보는 엄마도 엄마도 여잡니다. 엄마가 왜 짠순이로 살았는지 아버지는 알기나 하십니까? 엄마도 꿈이 있고 사랑도 있고 아빠에게 사랑도 받고 싶은 그런 여인입니다. 아직도 잘 나가는 엄마도 여자입니다. 팽팽한 얼굴 잔주름 늘어도 예쁜 선글라스 귀걸이 달고 거울 앞에 서면 엄마도 엄마도 여자입니다. 그러니 아버지여! 영자의 환상에서 어서 깨어나십시오.

그런 가수 이진관과 아들 이태루가 지난 1월 3일 필자를 찾아 대전에 왔다. 그는 2년 전에 필자를 찾아와 첫사랑 영자에 대한 숨은 이야기를 털어놨다. 세상이 온통 영자로 보여 미치겠다고. 보자. 그날 고백

했던 말을 듣고 필자는 노랫말을 메모해 주었다.

『영자야 너를 사랑해 / 영자야 너를 사랑해. / 영자만 보면 가슴이 떨려 어쩔 줄 모르겠어요./ 내 인생에 사랑이란 없을 줄 알았는데 / 이것이 사랑인가. / 이것이 사랑인가./ 사랑인가 봐. 사랑인가 봐. / 세상이 온통 영자만 보여./ 세상이 온통 영자만 보여』(영자야 너를 사랑해 1절)

이 노랫말에 이진관 특유의 음색을 가미하고, 목울대를 통하여 나오는 처절한 하소연이 실연(失戀)으로 일그러진 그의 얼굴 모습과 어우러져 대중의 귓가로 번지는 순간 일반 대중가요와는 차원이 전혀 다른 사내새끼의 간절한 호소요 절규로 들리게 된다.

세월이 흘렀다. 앞서도 말했지만 세상사 모든 고통은 세월이 약이라 하는데 가수 이진관에게는 세월이라는 특효약도 먹혀들지 않았다. 그래서 그는 그를 버리고 떠나는 첫사랑을 향해 울부짖으며 호소하고 애원한다. 가지 말라고. 그리고 엄습해 오는 고통을 잊기 위해 수많은 관중이 보는 무대 위에서 절규하며 펄떡펄떡 뛰기까지 하였다.

이날 두 부자를 환영하기 위한 팬들 20여 명이 문학사랑에 모였다. 그리고 노래를 청했다. 아버지는 아직도 영자를 못잊어 장성한 아들 앞에서 영자에 대한 그리움을 하소연하는 노래를 불렀다. '당신이 그리워서 고통이었어요. 내 생에 당신과 다시 사랑할 수 있다면, 모든 걸다 잃어도 지금 눈감아도 후회하지 않을 거예요. 아주 잊지는 말아주오. 사랑했던 사람아 오늘처럼 비가 오면 당신 숨결이 그리워요 오늘처럼 바람불면 당신 숨결이 그리워요' 과거형과 현재진행형, 그리고 미래에 대한 가정(假定)형까지 섞어가며 하소연 했다. 아버지의 애절한 노래를 듣고 있는 태루의 눈동자 동공(瞳孔) 속에 아버지의 절규하는 모습이 크로즈업 되었다. 엄마 생각이 뇌리를 스쳤다. 그리고 두 사람, 아버지와 엄마가 불쌍하게 생각되었다.

영자가 도대체 어떤 여인이기에 아버지의 애증(愛憎)속에 평생 살아있단 말인가? 그래서 보자. 무어라 외쳤나. 〈엄마도 꿈이 있고 사랑도 있다. 친구들 만나서 수다도 떨고 술 한 잔 마시고 춤도 춰본다./ 그렇게 살겠다. 엄마도 여자다. 아직도 잘나가는 엄마도 여자다.〉

아들 태루의 노래가 끝나자 아버지 때보다 더 힘찬 박수가 나왔다. 마치 '가수 이진관이여! 아들의 절규를 들었느냐'는 듯이.

그러나 태루여, 그리고 가수 이진관이여!

만날 수 없는 그리움은 잔인한 그리움으로 남아 평생을 괴롭히는 것이고, 울고 싶어도 울 수 없는 서글픔은 평생을 환상속에 살게 만드는 것이다. 물론 이루어지지 않은 사랑이니까 더 애틋하고 특별할 수도 있다. 그러나 그가 왜 당신을 버리고 떠났는가를 생각이나 해 보았는가? 당신이 무명 가수였기 때문이다. 거기에 유명 가수들이 받는 율곡 어머니 신사임당까지 뭉치로 딸려 있다면 절대로 떠나지 않았을 것이다. 아는가, 신사임당의 위력을?

그리고 그 첫사랑에 대하여 고마워하고 감사하는 마음을 갖도록 해

라. 그는 떠나면서 자신을 애타고 그리워하며 사는 마음을 당신 품에 안겨주었고, 그로인해 당신은 무대 위에서 펄떡펄떡 뛰는 유명 가수가 되지 않았는가?

그러니 '가슴 조이며 만났던 날들 어떻게 잊을 수 있나'의 애타는 심정 어서 떨쳐버리고 현실로 돌아오라. 현실에는 사랑하는 아들 태루가 있고 태루 엄마가 있다. 왜 태루에게 '엄마도 여자다'를 절규하게 만드는가?

김용복 칼럼집

2부

어떻게 살 것인가

안보당거(安步當車)에서 얻는 교훈

소신껏 행동하고, 남 앞에 떳떳하게 살고 싶은가? 그럼 이 말로 좌우명을 삼는 것을 권해주고 싶다. 안보당거(安步當車). 제(齊)나라에 안촉(顔斶)이란 덕망 높은 선비가 있었는데 벼슬엔 뜻이 없는 사람이다. 하루는 제선왕(齊宣王)이 그의 명성을 높이 사 대화를 나누어 보려고 궁궐로 불렀다. 그러나 안촉은 대궐 계단까지 와서는 더 이상 앞으로 나아가려 하지 않았다. 이에 왕이 "안촉, 이리 가까이 오라"라고 말하자 안촉은 "제선왕이시여, 이리 와서 저를 맞으시지요." 하며 대꾸했다.

놀란 신하들이 "무엄하다"며 안촉을 나무랬다. 그러자 안촉은 "제가 왕 앞으로 걸어 나가면 권력에 굽히는 게 되고, 왕께서 제 앞으로 오신다면 예로서 선비를 대하는 것이 되지 않겠습니까? 그러니 이리 오셔서 저를 맞으시지요."라고 답했다. 화가 난 제선왕이 "군주가 귀한가, 아니면 선비가 더 귀한가?"라고 물었다. 안촉은 "당연히 선비가 귀합니다."라며 고사를 들어 설명했다.

"옛날에 진(秦)나라가 제나라를 공격할 때 진나라 왕은 덕망 높은 선비 유하계(柳下季)의 묘를 지나가게 되었는데 그 무덤을 보호하기 위해 그의 무덤에서 50보 이내에 있는 풀잎 하나 건드리는 자가 있으면 참수형에 처한다고 했습니다. 또 제나라 임금의 머리를 베어오는 자에겐 만호후(萬戶侯)의 벼슬을 내린다는 명을 내렸습니다. 그렇다면 살아 있는 임금의 머리가 죽은 선비의 무덤보다 못한 것이 아니겠습니까."

그제야 선왕은 안촉의 비범함을 알고 높은 벼슬자리를 약속하며 유혹했지만 안촉은 고개를 저으며 말했다. "굶고 있다가 밥을 먹으면 고기를 먹는 것과 같이 맛이 달고, 안전한 길로 걸어 다니면 수레를 타는 것처럼 편할 것이요, 죄를 짓지 않고 지내면 권세나 귀함을 누리는 것과 같고, 청렴하고 바르게 산다면 스스로 즐거울 것입니다(晩食以當肉 安步以當車 無罪以當貴 淸靜貞正以自虞)."

여기서 '청렴한 생활을 한다'는 뜻의 안보당거(安步當車)란 고사성어가 나왔다. 남에게 죄 짓지 않고 자기가 가진 것에 만족하며 바르게 살면 권세를 누리는 것과 다를 바 없다는 것이다. 권력에는 자신의 욕망만을 채우려는 악한 권력이 있고, 오로지 백성들만 바라보고 백성들의 굶주린 배를 채워주기 위한 선한 권력이 있다. 그리고 자신만을 위한 권력이든, 백성을 위한 권력이든 그것을 이루기 위한 권력을 행사하게 되는데 우리들은 그것을 구분하지 않고 독재라고 한다.

대커 캘트너 버클리대 교수는 '선한 권력의 탄생'이라는 책을 통해서 권력은 얻는 것이 아니라 국민으로부터 위촉받은 것인데, 이는 공동체의 최대 선을 증진시키는 사람에게 주어지는 것이라 했다. 최고의 권력자가 백성들을 따뜻하게 대하고 마음을 알아줄 때 세종대왕이나 박정희 대통령처럼 강력하고 초능력적인 힘이 난다는 것이다. 입신양명이나 부귀영화를 부러워하지 않는 청렴하고 소신 있는 생활 철학을 가진 통치자. 국민들은 그런 통치자를 필요로 하는 것이다.

인간 소명에 대한 방향 제시

'너희 중에 죄 없는 자가 먼저 그 여자에게 돌을 던지라"

이 말은 2000여 년 전에 일류를 향해 예수님께서 하신 말씀이다. 이 말을 들은 서기관들과 바리새인들(=자기는 선한 척 외식하는 자들)은 양심에 가책을 느껴 나이 많은 사람으로부터 시작하여 하나씩 하나씩 나가고 예수만 남았으며 그 여자는 가운데 그대로 서 있더라.

신약성서 요한복음 3장3절~8절까지 나오는 말씀이다.

요즘 세계적인 변증가 '오스 기니스'가 30여 년간의 연구를 바탕으로 저술한 『소명』이 화제가 되고 있다. 저자는 이 책에서 인생과 소명의 의미를 재점검하고자 하는 이들을 위해 창조주의 부르심에 응답할 때에라야 비로소 삶의 가장 깊은 의미, 그것을 위해 살 수도, 죽을 수도 있는 중요한 목적을 발견할 수 있음을 보여주고 있다.

꿈 많은 청소년부터 노년을 맞아 외롭고 서글프게 사는 사람들에 이르기까지 삶의 어느 부분에 있든 누구에게나 가장 중요한 문제인 삶의 목적을 찾는 방법과 삶을 만족하게 하는 방법 에 대한 방향제시를 하고 있는 것이다.

저자는 이 책에서 성경, 역사, 경험 등을 가리지 않고 인간에게 주어진 '소명'에 대한 이야기를 하고 있다. 목회자나 사제들만이 우리의 소명이라고 주장하거나, 사회에서의 직업을 강조하여 직업과 소명을 동일하게 생각하는 오해에서 벗어나 소명에 대한 성경적이고 균형 잡힌 관점을 말해주고 있다.

소명을 발견하는 방법, 소명과 개인적인 성장과의 관련성, 소명이 성공에 주는 영향, 그리고 하나님께 쓰임 받은 소명의 사람들의 삶 등에 대한 질문에 풍부하고 탁월한 통찰을 바탕으로 한 답변을 제공해주어 인생의 좌표를 깨닫게 한다. 왜 사는가의 문제 때문에 고민하는 사람들과 소명을 추구하고 성취하기 위해 노력하는 사람들에게 필독을 권하고 싶은 책이 이 '소명'인 것이다.

오스기니스의 '소명'은 논리나 이론만을 말하지 않아 읽기에 편하고 이해하기가 쉬웠다. 주장을 하되 예화를 들어 이해를 도왔다. 이 책은 정독해야 만이 자신의 천편일률적인 사고와 생각에서 벗어나 통찰력(insite)을 얻을 수 있었고, 자신의 작은 배경지식에서 오는 유희도 맛볼 수 있다.

인간은 어떻게 해야 형이하학(形而下學)적 삶에서 벗어나 형이상학(形而上學)적인 삶을 살 수 있는가? 이 물음에 대한 답도 이 책을 읽음으로써 얻을 수 있는 것이다.

이 책을 통해 윌리엄 윌버포스가 정치를 집어치우고 기독교 사역의 길로 접어들 뻔했다는 것을 처음 알았다. 전 역사적 시각으로 본다면,

다행히 존 뉴턴 목사의 설득으로 윌버포스가 영국에서 노예 매매의 악습을 개혁한 서구 역사상 위대한 업적을 한 것이다. 즉 어떤 사람에게 목회자로의 부르심이 중요하듯, 어떤 사람에게는 정치가로의 부르심이 중요하며, 어떤 이에게는 교육자, 또 어떤 이에게는 개그맨이나 예술인의 소명을 느낀다.

그래서 음악인도 나오게 되고 탤랜트도 나오게 되며 발명가도 나오게 되는 것이다. 여기서 내용을 정리한다면 일차적 소명이 구원에 해당한다면 이차적 소명은 자신에게 주어진 은사를 발견하는 것을 의미한다. 따라서 예수님의 부르심에 응답하고 있다면 그가 어떤 사람이건, 어디서 일하건, 무엇을 하건 모두 존귀하다는 것이다. 목사든 예술가든 교통경찰이든 청소부든, 사제든 노동자든 간에.

저자의 핵심주장은 '어떻게 내 인생의 목표를 발견하고 그것을 성취할 것인가의 질문에 대한 해답이 소명이다'라고 말할 수 있다. 그러니 이 소명이 무엇이냐에 따라 소명을 위해 살기도 하고 죽을 수도 있다. 그만큼 개인의 삶의 방향이 결정됨으로 소명은 매우 중요한 것이다.

생(生)을 부여받은 우리 인간은 소명에 대한 해답을 찾는 추구자가 되어, 진정 자신이 추구하는 것을 얻기 위해서는 하나님의 해답을 들어야 하고, 한 번쯤은 우리가 생을 받은 목적이 무엇인지 스스로에게 물음을 던져볼 필요를 느낀다.

시인 정지용은 그의 시 '향수'에서 『흙에서 자란 내 마음/ 파아란 하늘 빛이 그리워/ 함부로(되는 대로) 쏜 화살을 찾으려/ 풀섶 이슬에 함추름 휘적시던 곳,』을 찾아 헤맸다고 했다. 그가 말하는 '함부로 쏜 화살'이 무엇인가? 바로 '오스기니스'가 말하고 있는 소명인 것이다.

우리는 누구나 죄인인 것이다. 간음한 여인에게 그 누구도 돌을 던질 수는 없는 것이다. 자기에게 부여된 소명을 찾아 성실히 임할 때, 형이하학적 삶도 이워지며 동시에 형이상학적 삶도 이뤄지는 것이다. 따라서 소명을 가진 자는 나태함도 극복할 수 있고, 긍정적인 삶을 살 수 있으며, 살면서 수없이 다가오는 걸림돌을 디딤돌로 만들 수 있는 힘이 생겨나는 것이다.

소명! 하나님의 소명이 무엇인지 분명히 깨닫자.

수유칠덕(水有七德)과 새옹지마(塞翁之馬)

정치를 하고 있는 사람들이나 하려고 하는 사람들에게 권하고 싶은 이 말, 수유칠덕(水有七德)과 새옹지마(塞翁之馬). 이미 정치에서 물러나 뒷방 신세를 지고 있는 어르신(?)들께는 권하지 않으련다. 왜냐고 묻지 마라. 본인들은 절치부심(切齒腐心)하며 이미 알고 후회하고 있기 때문이다.

왜 구태여 수유칠덕(水有七德)과 새옹지마(塞翁之馬)를 논하려 하는가? 정치인들에게 깨달음을 주기 위해서다. 그래서 국민들에게 희망 있는 정치를 해 달라고 주문하고 싶어서다. 희망있는 정치, 그게 뭔데? 국민대통합을 이루는 정치가 희망 있는 정치인 것이다.

보자, 중국 ≪회남자≫의 '인간훈(人間訓)'에 나오는 새옹지마.

'인생의 길흉화복은 변화가 많아서 예측하기가 어렵다는 말.' 누가 이 말을 모르느냐고 반문하는 자도 있을 것이다. 그렇다면 한번 또 보자. 그 속에 감춰진 깊이 있는 교훈까지 알고 있는가를. '새옹지마'를 성경말씀을 빌어 쉽게 말하겠다.

누가복음 6장 21절에 '이제 우는 자가 복이 있다.'고 하였다. 무슨 말인가? 이제 울고 있는 자가 후에는 복이 있다는 말이다. '지금 우는 자는 복이 있나니 너희가 웃을 것이다'고 하였고, 또한 누가복음 6장 25절엔 '화 있을진저 너희 지금 웃는 자여, 너희가 애통하며 울리로다.' 하였다. 지금 희희낙락 웃고 있는 자들이여! 이 말 깊이 생각해보라. 그리고 지금 울고 있는 자들은 이 말에 희망을 가져라. 필자의 말이 아니라 예수님의 말씀인 것이다. 이 예수님의 말씀이 곧 새옹지마(塞翁之馬)인 것이다. 그래도 이 뜻을 모르겠다고 하겠는가? 다시 말해 '양지(陽地)가 음지(陰地) 되고, 음지가 양지 된다'는 우리 속담과 같은 뜻이다.

그래서 노자(老子)가 말한 수유칠덕(水有七德)의 교훈을 되새겨 보자.

첫째가 낮은 곳을 찾아 흐르는 겸손(謙遜)이요,
둘째가 막히면 돌아갈 줄 아는 지혜(智慧)요,
셋째가 더러운 물도 받아주는 포용력(包容力)이요,
넷째가 어떤 그릇에나 담기는 융통성(融通性)이요,
다섯째가 바위도 뚫는 인내(忍耐)요,
여섯째가 장엄한 폭포처럼 투신하는 용기(勇氣)요,
일곱째가 유유히 흘러 바다를 이루는 대의(大義)가 그것이다.

여기서 정치인들이 간과(看過)해서는 안 될 교훈이 있는 것이다. 쉽게 말해 간섭하지 말라는 말이다. 물은 절대로 간섭하지도 않고 주어진 여건 속에서 처신을 한다는 뜻이다. 또한 물은 모든 것을 이롭게 하면서도 다투지 않으며 항상 낮은 곳을 찾아 흐르는 성질을 가지고 있다. 그것이 곧 물처럼 사는 상선약수(上善若水)의 교훈인 것이다.

본론으로 들어가자.

교육은 교육자들에게 맡기고, 경제는 경제인들에게 맡기고, 골목 상권은 골목 장사치들에게 맡기라는 뜻이다. 그리고 올림픽 경기는 전문 체육인들에게 맡기고 자신들은 자신들의 임무인 정치만 하라는 말이다.

수시 축소와 수능 9등급 절대평가가 그렇고, 2021학년 수능부터 전 과목 절대평가를 시행하려 하는 제도가 그렇다. 또한 교육부가 유치원, 어린이집 영어수업 금지방침을 세웠다가 학부모들의 반발여론에 밀려 결국 1년 유예하기로 한 갈팡질팡 정책이 바로 정치권에서 간섭했기에 발발 된 사건이다.

경제정책 또한 그렇다.

정부의 오락가락하는 가상화폐 규제정책이나 부동산 정책 때문에 웃는 사람들보다 우는 사람들이 많고, 최저임금 정책 실패로 없어지는 일자리가 그 얼마였는가? 줄줄이 인상되는 물가 때문에 상인들이나 시민들의 입에서 들어보지도 못한 말을 내뱉고 있는 실정을 알고나 있는지 묻고 싶다. 또한 비정규직 대책이나 국고로 땜질하려는 모든 정책 등, 인기 영합적인 정책 때문에 울고 웃는 자가 얼마인가 생각해보라.

원자력 정책도 그렇다.

전문가에 의한 치밀하고 근본적인 대책 없이, 있는 원자력 발전소를 없애고 건설 중인 신규 원전까지 중단하겠다던 대통령의 말부터 앞서는 경솔한 언행 때문에 손실된 국고가 얼마였고, 해외에 나가 외화를 벌어들이는 원자력 기술자들의 사기진작이나 원자력 기술에 대한 해외 신용도 추락을 생각이나 해보았는가?

평창 올림픽에 대해선 언급을 하지 않겠다. 이미 과거 문민정부나 참여정부시절 국민들이 겪은바 크기 때문이다. 그래서, 훗날 웃고 싶거든 수유칠덕을 바탕으로 하여 국민 대통합을 이루는 정책을 펴도록 하라. 4차 산업시대는 이미 다른 나라에서는 정착단계에 있다고 한다. 청년세대는 갈수록 힘든 현실을 바라보며 울고 있고, 청년실업률은 최악으로 치닫고 있는데 네 편 내 편 갈라 싸움질이나 하고 있는 꼬라지들을 국민들에게 보여서야 무슨 희망이 있겠는가? 희망 있는 정책을 보여주기 바란다. 그것이 국민 대통합의 정책인 것이다.

그리고 간섭하거나 규제하려하지 말고 전문가에게 맡겨라. 우리나라에는 그 분야에 전문가들이 얼마든지 있다. 수유칠덕의 교훈을 깊이 헤아리고 새옹지마 교훈에서 훗날을 생각하기 바란다. 지금 웃고 있는 자는 반드시 울게 될 것이라는 예수님의 말씀이 새옹지마의 교훈인 것이다. 앞으로 4년?, 화살같이 지나간다. 다만 정치인들만 못 느낄 따름이다.

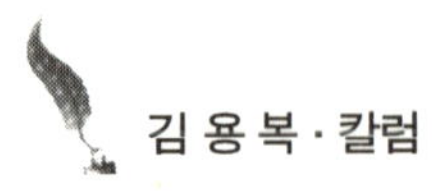

저 언덕을 넘어서

Over the Hill (저 언덕을 넘어서)! 우리 남매들에겐 절망이 없다. 저 언덕을 넘어가면 희망이 있기 때문이다. 생각해보라. 삶을 영위 받은 인생들이라면 누구나 머리 위에 금고아기 씌워져 있는 것이다. 금고아란 무엇인가?

서유기의 등장 인물인 삼장법사가 손오공의 머리 위에 씌워 손오공이 정도(正道)를 걷지 않을 때 금고아로 하여금 고통을 받게 한 일종의 고통의 도구인 것이다. 눈에는 보이지 않으나 심안(心眼)으로 보면 누구에게나 씌워져 있다. 보라, 잘 나가던 박근혜, 이명박 전 대통령이나 그 외 높은 자리에 있던 분들(?) 지금 어디에 가 있나? 우리는 지금 그들과는 비교도 안 될 만큼 자유롭거나 편한 자리에 있는 것이다.

법원에서 우편물이 날아오거나, 빚 독촉의 전화벨이 울리는 것, 그리고 통장이 압류되는 것 때문에 고통스럽다고? 그것은 세상사는 사람들의 지극한 일상인 것이다. 살다보면 누구에게나 있는 일이고, 앞으로 일어 날 수 있는 일이다. 고통스럽다고? 그것은 갑남을녀이기 때문에 그렇다. 그렇다면 히브리인이라는 출신성분 때문에 이집트왕자의 자리에서 쫓겨나 광야로 도망가 40여 년 숨어 살던 모세를 보고, 수많은 세월 쫓겨 다니던 다윗을 보라. 아니면 왕이면서도 귀양을 가 사약(賜藥)으로 생을 마감한 단종을 보고, 억울하게 감옥살이를 한 이순신을 보라!

우리는 가녀린 자매와의 인연으로 알게 된 가족들이다. 하나님께서 그렇게 역사하신 것이다. 서로 의지하며 고통을 감내하라고. 괴로울 땐 박근혜, 이명박 전 대통령을 생각하라. 무엇이 두려운가?

불교신자들에겐 금고아가, 기독교 신자들에겐 십자가가 씌워져 있는 것이다. 인간 세상에 내려오신 예수님이나 목사님, 신부들, 그리고 이름 없이 사는 우리들에게도 그것은 같은 것이다. 다만 크기와 무게만 다를 뿐이다.

억울하게 고통을 당하는 욥을 생각해 보았는가?

구약 성경에서 욥이 사탄의 도전 때문에 까닭 없이 고통 당하는 모습을 못 보았는가? 욥기 1장에 보면 사탄이 하늘 총회에 참석하는 장면이 나오는데 그 회의에서 사탄은 자신이 지구를 두루 다녀 보았는데, 하나님을 진심으로 경외하는 사람들을 찾을 수 없었다고 주장하였다. 그러니 의인이 없다는 것이다. 이때 하나님은 욥을 시험 대상으로 사탄에게 넘겨줘 욥으로 하여금 사탄의 시험 대상이 되게 하였던 것이다. 보라 욥기를. 얼마나 고통 가운데서도 하나님의 은혜를 외치며 하나님께 감사하였는가를. 하나님은 욥이 변심하지 않을 것임을 확신했기에 사탄에게 넘겼던 게 아닌가? 보라, 성경 말씀을.

"여호와께서 사탄에게 이르시되 네가 내 종 욥을 유의하여 보았느냐? 그와 같이 순전하고 정직하여 하나님을 경외하며 악에서 떠난 자가 세상에 없느니라"(욥 1:8).

자녀들과 재산까지도 모두 잃고, 자신이 문둥병까지 걸리면서도 욥은 마귀가 주는 고통을 참아냈던 것이다. 그래서 하나님은 마귀에게 자신 있게 말했다. "아직 욥 같은 신앙인이 있기 때문에 지구가 사탄의 소유가 아니라"고. 그 후 욥에게 내린 하나님의 축복을 생각해보라.

Over the Hill (저 언덕을 넘어서)

영화제목도 아니요, 남진의 노랫말도 아니다.

미국민들의 개척정신인 것이다.

저 언덕을 넘어가면 희망이 있고 삶을 영위할 수 있는 다이아몬드가 있는 것이다.

가자! 저 언덕을 넘어서!

우리는 이제 한 가족. 저 언덕을 함께 넘는 것이다.

진안군 구봉산의 아로니아

전북 진안군 주천면 안정길 113-81(구: 주천면 운봉리 301번지). 해마다 아로니아 축제가 열리는 곳이다. 축제가 열리면 대전과 천안, 그리고 서울에서 유명 가수들이 축제를 돕기 위해 달려오고, 청정지역 구봉산 아로니아의 효능을 아는 사람들이 전국적으로 모여들어 직접 농장에 들어가 싱싱한 아로니아를 직접 따 구입하기도 했다.

필자도 아내가 치매를 앓기 시작한 4년 전부터 해마다 축제가 열릴 때면 이곳엘 찾아가 아로니아 분말과 생과(生果)를 구입해 냉장고에 보관 해 놓고 복용하게 하였다. 그래서 그런지 병원치료 때문에 그런지는 몰라도 4년 전에 비하여 증세가 악화되지는 않고 있다.

아로니아는 블루베리보다 많은 안토시아닌이 포함되어 있기 때문에 눈의 피로 회복과 혈액 순환 촉진, 고혈압 예방에 효과가 있다고 알려져 있으며 항산화 성분이 높고, 혈액의 산화 작용을 억제하는 작용이 있어 안티 에이징 (노화 방지)과 성인병 예방과 같은 대사 증후군 예방 효과를 기대할 수 있다고 했다. 그런데 특이할만한 것은 구봉산 아로니아는 구봉산의 맑은 공기와 맑은 물, 낮과 밤의 심한 온도차를 겪으며 결실을 했기에 다른 지방의 아로니아보다 효능이 뛰어나다고 했다.

구봉산 천복 아로니아 자연 농원 대표 김천복씨 이야기 안 할 수 없다, 7년 전 서울서 내려와 이곳에 자리 잡았다 한다. 그동안 겪은 시행착오는 말하지 않으려 한다. 누구나 그런 과정을 겪어야 하기 때문이다.

초크베리(Choke-berry)라고도 불리는 아로니아 효능은 자연 치유능력이 뛰어나 예로부터 아프리카 인디언들이 전통 약재로 사용하였으며, 중국에서는 늙지 않는 과일이라는 뜻의 '불로매'로, 중세 유럽에서는 왕족들이 즐겨먹어 킹스베리(king's berry)로도 부른다 했다.

지난해에는 진안군민의 호위무사 이항로 군수도 이 고장의 자랑스런 구봉산 천복 아로니아를 홍보하기 위해 직접 발벗고 나서서 '구봉산 계곡에서 자란 천복 아로니아가 진짜 아로니아' 라며 자기 고장의 노래인 '진안 아가씨' 한 곡을 뽑았다.

그러나 아쉽게도 올해는 축제를 열지 않는다는 소식이다. 39도를 넘나드는 더위 때문이란다. 대신 지난해 가격으로 소비자들에게 공급한단다. 혹시 필자와 같이 집안에 치매를 앓고 계신 환자가 있는 분에게 도움이 될까하여 정보를 알려드린다.

사랑으로 소문난 대전 대흥 침례교회

대전 대흥 침례교회는 사랑으로 소문난 교회다. 그러나 필자는 거기에 하나님의 은혜와 축복으로 충만한 교회라는 말을 더하고 싶다.

이유를 보자. 대부분 대흥교회 성도들은 설교 전 듣게 되는 특별 찬송에서부터 은혜를 받게 된다. 오늘도 예외는 아니었다. 보자. 황여임 자매의 찬송. 단위에 올라서는 태도부터가 조심스러웠고, 옷 매무시도 검소하며 단정했다. 찬송을 부르기 전 두 손을 마주 잡고 눈도 감았다. 교인들은 그의 그런 태도에 숨을 죽여 가며 기다려야만 했다. 잠시 후 하나님께 기도하듯 한 그가 눈을 떴다. 그리고 그 태도를 지켜보고 있던 피아니스트 황상은 자매의 손이 피아노 건반 위에 올려져 그의 음성과 함께 조화를 이루기 시작했다. 건반위의 요정인 것이다. 어느 성악가가 찬송을 부르더라도 그 높낮이와 음색에 맞춰 조화를 이뤄주는 건반 위의 요정, 그가 오늘은 황여임 자매의 찬송에 맞춰 움직이기 시작했다. 그리고 '하나님 아버지의 마음'이 황여임 소프라노를 통해 온 교인들의 가슴 속 깊은 곳에 스며들기 시작했다.

『아버지 당신의 마음이 있는 곳에 나의 마음이 있기를 원해요 / 아버지 당신의 눈물이 고인 곳에 나의 눈물이 고이길 원해요 / 아버지 당신이 바라보는 영혼에게 나의 두 눈이 향하길 원해요 / 아버지 당신이 울고 있는 어두운 땅에 나의 두발이 향하길 원해요 / 나의 마음이 아버지의 마음 알아 내 모든 뜻 아버지의 뜻이 될 수 있기를 / 나의 온몸이 아버지의 마음 알아 내 모든 삶 당신의 삶 되기를』

나는 평생을 하나님 자녀랍시고 신앙생활 하면서 하나님의 마음에 있는 곳에 내가 있질 못했을 뿐만 아니라, 그렇게 해달라고 간청하지도 않았던 것이다. 눈에 보이지 않는 것을 볼 수 있는 은혜를 받는 것, 그리고 사람의 생명을 살릴 수 있는 찬양을 듣고 산다는 것, 그것은 하나님이 인간에게 내린 축복이고 하나님의 사랑만이 가능 했던 것이다. 또한 그것은 간구하는 자마다 이루어주신다고 하셨다.

그런데 나는 며칠 전 주일 예배 시 이미자 성도의 찬송을 들으며 하나님의 사랑이 내게 임하고 있음을 발견 하게 되었고, 연이어 양승권 직임 목사의 찬송을 통하여 하나님의 사랑이 몸에 전율을 느끼도록 임하고 있음을 깨닫게 되었다. 그리고 오늘, 황여임 자매의 특송 '하나님 아버지의 마음'은 내 모든 삶이 당신의 삶이 되기를 간구하기에 이르렀다.

믿음은 눈에 보이는 것을 넘어서 하나님을 볼 줄 아는 것이다. 그리고 하나님의 사랑은 누구에게나 임하되 그것을 깨닫는 자만이 그 복을 받는 것이다. 비누는 사용할 때마다 남을 깨끗이 해주며 흔적도 없이 사라지지만 하나님의 사랑은 사용할수록 풍성해져서 급기야는 남에게도 그것을 나누게 되는 것이다.

어디 하나님의 은혜와 축복이 이것 뿐이랴. 대흥 침례교회는 장애우를 위한 특별한 배려가 많은 교회다. 장애우 전용의 휠체어에서부터 장애우를 위한 전용 주차장이나, 장애우 전용 에레베이터가 그렇고 농아(聾啞)교우를 위한 한송희 성도의 수화 또한 그렇다. 한송희 성도는 5년 전부터 예배시 강도상(講道床) 아래에 서서 찬송이나, 목사님 설교, 광고에 이르기까지 한 시간 내내 수화(手話)로써 통역을 해준다. 장애우를 위한 배려인 것이다. 그래서 그런지 우리교회에는 장애우들이 많다.

나는 이미자 성도나 양승권 직임 목사의 찬양을 들으며 대흥침례교인임이 한없이 자랑스럽다고 한 바 있다. 인도의 시성 타고르는 '감사의 분량이 곧 행복의 분량'이라고 했고, 철학자 아리스토텔레스는 '행복은 감사하는 사람의 것'이라고 말했다

주일날 교회에 와서 찬송을 듣는 것도 감사한 것이고, 커피숍에서 교우들과 차 한 잔 나누며 친교를 나누는 것도 감사한 것이며, 농아교우를 위해 한 시간 내내 서서 수화로 통역해 주는 모습을 보는 것만으로도 감사한 것이고, 찌는 듯한 삼복더위에 국수를 삶아 접대하는 모습을 보는 것도 감사하며 행복한 것이다.

그래서 자신 있게 답하고 싶다. 누가 만약 '이 세상에서 제일 행복한 사람은 누구냐?' 묻는다면 '이 모든 것들을 보며 감사할 줄 아는 내 자신'이라고. 나는 오늘도 치매 걸려 고생하는 아내의 손을 잡고 예배를

드리는 동안 감사하는 마음을 하나님께 드렸다.

"아버지, 당신의 눈물이 고인 곳에 나의 눈물이 고이게 해줘서 감사합니다."

믿음과 화합의 열기,
태평1동 노인회관

『야 야 야 내 나이가 어때서 / 사랑에 나이가 있나요 / 마음은 하나요 / 느낌도 하나요 / 그대만이 정말 내 사랑인데 / 눈물이 나네요 / 내 나이가 어때서 /사랑하기 딱 좋은 나인데/ 어느 날 우연히 거울 속에 비춰진 / 내 모습을 바라보면서 / 세월아 비켜라 / 내 나이가 어때서 / 사랑하기 딱 좋은 나인데 / 야 야 야 내 나이가 어때서/ 사랑에 나이가 있나요 / 마음은 하나요 / 느낌도 하나요./ 그대만이 정말 내 사랑인데/ 눈물이 나네요 / 내 나이가 어때서/ 사랑하기 딱 좋은 나인데/ 어느 날 우연히 거울 속에 비춰진/ 내 모습을 바라보면서 / 세월아 비켜라 / 내 나이가 어때서 / 사랑하기 딱 좋은 나인데 / 사랑하기 딱 좋은 나인데』

2018년 7월 19일(목). 박용갑 중구청장, 그는 93세의 민지윤 할머니 앞에서 아양 떠는 손자처럼 '내 나이가 어때서'를 대변해 주었다. 박청장은 민할머니의 손자뻘 되는 나이다. 그래서 그렇게 보였는지 할머니 앞에서 재롱떨듯 춤을 추고 고갯짓을 해가며 2절까지 불러 댔다. 대형 에어컨 두 대가 쉬지 않고 돌아가는데도 믿음과 사랑으로 발생되는 열기는 후끈거리다 못해 어르신들을 열광의 도가니에 빠져들게 하였다. 밖은 태양의 열기로 덥고, 경로당 안은 신뢰와 사랑으로 후끈거렸던 것이다. 관(官)은 어르신들 앞에서 재롱떨고, 어르신들은 춤추고 박수쳐서 화답해주고.

네 편 내 편이 어디 있고, 불협화음이 어디 있으랴!

그렇다면 지역의 우두머리 목민관이 재롱을 떠는 이 자리는 어떤 자리인가?

대전 중구 태평2동 버드네 아파트 1단지 노인회관에서 있었던 일이다. 이 마을의 책임자 강대식 동장이 교육가는 관계로 한광희 문화 체육과장이 참석해 모든 진행을 총괄하였다.

이날 태평동에 거주하는 어르신들 백여 명이 강당을 꽉 채우고도 모자라 입구에까지 입추의 여지가 없도록 만원이었다. 대전 중구청에서 중부대학교 멀티케어사업단과 함께 하는 건강프로그램에 동참하기 위해 모이신 어르신들이었다. 박용갑 중구청장은 중부대학교 멀티케어사업단(단장 서정교)과 함께 노인 감성치유를 위해 중부대학교 멀티케어사업단을 초청해 이곳의 어르신들의 건강을 위해 발 벗고 나섰던 것이다.

어르신들을 위해 하는 사업을 정리해보면, ▲나의 건강지표 알기 ▲음악과 함께하는 건강댄스 ▲웃음치료 등 건강프로그램 ▲감성공유를 위한 예술테라피 ▲감성 힐링 공연 등 노인 정신건강에 도움이 되는 감성프로그램이 그것이다. 그래서 중부대학교에 재학하고 있는 베트남 유학생 원티마이, 황티흐엉, 원 티튀 학생들이 베트남 의상을 입고 나와 자기 나라 고유의 춤으로 어르신들을 즐겁게 해드렸고, 멀리 대구에서 동참한 최중희씨는 100세나 된 말하는 할머니 인형을 모시고 나와 각종 재롱과 재담으로 어르신들을 30여분 동안 즐겁게 해드렸다. 이렇게 말하는 할머니 인형의 춤놀이는 대부분의 어르신들이 처음 본다고, 앵콜앵콜이 이어져 10분 공연 예정이던 것이 30분이나 계속 됐던 것이다.

보라, 분위기가 이러한데 그냥 체면만 차리고 있을 수는 없는 일. 이곳의 노인 회장을 맡고 계신 이효일 회장(78세)도 나와서 한 곡조 뽑고, 김향순 부회장도 나와서 한 마디씩 뽑았다. 그때마다 선물이 이들 어르신들께 주어졌으며 93세의 민지윤 할머니께는 특별 장수상까지 드렸던 것이다. 어디 그뿐인가. 이곳에 참여한 모든 어르신들이나 박수치며 함께 놀아준 젊은 아낙네들께도 기념 우산과 타올이 주어졌다.

박용갑 청장은 "우리 중구는 65세 이상 노인인구 비율이 16.6%로 어르신들을 행복하게 할 수 있는 프로그램을 지원해 주신 중부대학교 멀티케어사업단에 감사를 전하고, 지역사회와 연계해 다양한 건강 프로그램 유치로 주민이 행복한 도시를 만드는데 노력할 것"이라고 답했다.

중부대학의 서정교 단장은 "앞으로도 찾아가는 맞춤형 감성교육으로 지역 어르신들의 건강한 몸과 마음을 만들어나갈 것"이라고 전했다.

이사람 얘기 안 할 수 없다. 대전의 보배 허진주 얘기다.

대전의 아리랑으로 유명한 허진주 가수는 봉사왕으로도 유명하다. 그가 가는 곳에는 늘 허사모(회장: 진각명)가 동행하여 수족이 돼 준다. 오늘도 예외는 아니어서 어르신들이 노래하면 허사모는 춤과 율동으로 화합했다. 오늘도 2시간 여를 지루하지 않고 재미있게 진행했던 가수 허진주!

그래서 오늘은 축복의 날이고 행복한 날이었다. 대한민국 삼천리 방방곡곡이 이곳 대전 중구만 같으면야 무슨 근심걱정이 있겠는가? 만일 어르신들에게 근심걱정이 있다면 어르신들을 최우선순위로 모시고, 어르신들 앞에서 재롱까지 떠는 박용갑 목민관이 해결해 줄 것이고, 중부대학교 멀티케어 사업단이 달려와 해결해 줄 터인데.

팔도 초대석,
유한봉 관장과 이상귀 학장

팔도 초대석에 대전광역시 노인복지관 유한봉 관장과 (사)대한노인회 대전광역시연합회 노인지도자 대학 이상귀 학장께서 초대 되셨다. 한 마디로 이 두 어르신들은 인격을 높임과 동시에 국격(國格)을 높이는 분들이다.

사람마다 인격이 있듯이 각 나라마다에는 국격이 있는 법. 그 나라의 장래를 보려면 성장하는 어린이들과 그들을 지도하는 교사들의 인격과 인품을 보라했고, 그 나라와 거래를 하려거든 어르신들의 인격을 보라 했다. 어르신들의 행동거지 하나하나가 인격으로 나타나고 그 인격이 모여 국격이 되기 때문이다.

내실을 기해 세계 속에 한국기업을 알리는 것도, 바른 우리말 우리글을 사용하는 것도 국격을 높이는 일이며, 젊은이들이 어르신들을 공경하는 것도 국격을 높이는 일이라 할 수 있다.

그런데 이 두 분. 유한봉 관장과 이상귀 학장님. 위 국격을 높이는 요소를 두루 갖춘 분들이고 또한 그렇게 노력하고 계신 분들이다. 글로벌 시대가 전 세계적으로 일반화되는 추세에 있다하더라도 우리 전통문화를 살리고, 전통 예절을 지키는 것이야말로 홍익인간으로서의 우리 것을 지키는 도리라 할 것이다.

그래서 4월 9일 프로에는 유한봉 관장이, 4월 16일에는 이상귀 학장께서 "소중한 이야기와 즐거운 공연으로 함께 하는 팔도TV의 생방송 토크쇼인, "팔도 초대석"에 출연하여 인격과 국격을 높이는 좋은 말씀을 들려 주셨다.

가) 4월 9일 유한봉 편

4월 9일 유한봉 편에서는 '대전아리랑'으로 유명한 허진주 가수가 "어르신들의 여가생활과 즐거운 노후, 사회적 효" 등에 관해 이야기를 나누었고, 이 자리를 빛내주기 위해 민지민 가수가 "달도 밝은데"와 "그녀는 댄싱퀸"을, 가수 이애순은 "천년사랑"을, 가수 김 건은 "소중한사람" 과 "보릿고개"를 불러 축하하였다.

대전광역시 노인복지관에서는 130세 150세 시대를 맞아 의미 있고 보람 있으며 건강한 노후생활을 위해 약 40개 과목에 60개 반을 운영하고 있다 하였다. 재적회원 약 1만2천 명이나 되며 그 가운데 중구에 거주하는 독거노인 약 2천 명에게 각종 서비스를 제공한다고 한다.

유한봉 관장의 말에 의하면

1. 수묵화(水墨畵)반에서 한국화를 잘 그리시는 103세 어르신도 건강하게 활동하고 계시고.

2. 건강을 위한 댄스반 중 스포츠 댄스 팀은 전국대회에서 입상도 하였고.

3. 점심식사 때엔 약 520명의 어르신들에게 점심 식사를 대접하는

데 봉사인력이 부족한 상황이어서 봉사할 수 있는 분들의 손길을 기다리고 있으며.

4. 자녀들이 복지관을 찾아오는 분들이 거의 없고 대체로 봉사요원의 손길을 빌어 운영하고 있는 형편이므로 자녀들 가운데 봉사 도우미로 오셨으면 함.

5. 의사들이 측정한 건강 나이로는 현재 나이에서 20살을 빼야 하므로 복지관에 오시는 어르신들은 대부분 65세 이하의 청춘이시고.

6. 이곳의 여가 프로그램은 설, 추석 빼고 연중무휴로 개방 운영하는데 이유는 어르신들이 명절이면 갈 데가 마땅한 곳이 없기 때문이다.

7. 어르신들이 시간 보내기가 여의치 않은 실정이라, 토요일과 일요일에도 복지관을 개방 운영하고, 여름방학, 겨울방학도 각각 두 달에서 한 달로 줄여서 운영하고 있다.

8. 100세 시대를 맞아, 노인 문제는 가정에서도 떠나고, 국가에서도 책임을 못 지는 상황이기에 선진국처럼 재산의 사회 환원, 기부 활성화 등 사회적으로 해결함이 바람직하다.

9. 이에 따라 복지관에서는 사회적 효행운동을 앞장서서 실천하고 있음.

10. 효에는 가정적 효, 국가적 효, 사회적 효가 있는데, 이웃의 어르신을 내 부모처럼 섬기는 사회적 효행운동을 대전광역시 노인 복지관에서 펼치고 있는데 이곳을 찾는 어르신들께서는 인품의 향기가 나는 어르신으로서, 대전시를 대표하고 나라를 대표하는 어르신으로 인격

과 국격을 높이는 어르신이 되어 주시길 당부 하고 있다..

나) 4월 16일 이상귀 학장 편

소중한 이야기와 즐거운 공연으로 함께 하는 팔도TV의 생방송 토크쇼, "팔도 초대석", 4월 16일 이상귀편에서는 사)대한노인회 대전광역시연합회 노인 지도자대학 이상귀 학장을 모시고 효인성교육 지망생 및 노인지도자 양성 등에 관해 이야기를 나누며 가수들의 노래와 함께 엮었다.

역시 대전아리랑의 허진주 가수가 진행을 맡았고, (전통춤) 한량무의 장귀현님께서 전통춤으로 막을 열었으며, 유명가수 안동춘이 '찜했어'와 '밤안개'를, 역시 유명가수 송미가 '당신과 함께라면'을 불러 분위기를 고조시켰다.

이상귀 학장님의 말에 의하면

1. 효문화진흥원을 대전에 유치할 때, 100만 대전시민이 서명운동에 동참하여 대전 유치에 성공하였으며,

2. 요즘은 효를 받으려고 바라기만 할 게 아니라, 자기 스스로 효를 받을 수 있는 자격을 갖추도록 노력하는 신 노인이 되시길 강조하였고,

3. 노인 지도자대학엔 올해 신입생 400명이 입학, 지금까지 매년 1기씩 30기 약 5천 명의 노인지도자를 배출하였는데 이 어르신들은 지금 어디에선가 그 역할을 발휘하고 계실 것임.

3. 이상귀 학장께서는 유머도 재미있게 잘 하시는 데 히트치신 유머

를 소개하면

☛질문-이 세상 라면에는 가장 맛있는 라면과 가장 맛없는 라면이 있는데 가장 맛없는 라면은 무엇일까요? 모두들 어리둥절 대답을 못 하자 "했더라면입니다."라고 하셨다.

a) 부모님이 돌아가시고 나서 "효도를 다 했더라면",

b) 사랑하는 사람을 떠나보내고 나서 "더 잘했더라면" 하고 후회하는 라면이라 하셨다.

그리고 가장 맛있는 라면은 무엇일까요/ 하고 질문을 던지셨다. 물론 답은 소고기 라면이라고 나왔다. 그런데 그보다 더 맛있는 라면이 있다고 했다.

"당신과 함께라면"이라는 것이다.

사랑하는 부모, 형제, 친구, 이웃들과 언제나 함께라면 좋은 것이다.

그리고 이어서 노인이 지켜야할 수칙 다섯 가지는 "일 십 백 천 만"이라 했다.

1. 일: 일일 일선. 하루에 한 가지씩 선행이나 봉사하기
2. 십: 열 사람 이상 만나고, 열 번 이상 웃기.
3. 백: 백 자 이상 쓰기. (일기, 자서전 등)
4. 천: 천 자 이상 읽기. (신문, 잡지, 카톡문자 등)
5. 만: 만 보 걷기.

거기에 '누죽걸산'을 명심하라 했다. 누우면 죽고 걸으면 산다는 것이다.

귀한 시간, 귀한 손님이었다. 두 분 모두 보는 것만으로 아름다운 색(色)이 풍기었고, 향내가 났다. 그것은 오랜 세월 물의 흐름에 갈리고 닦여서 된 조약돌과 같은 고귀함이었다. 원만하되 모나지 않고, 둥글되 거대하지 않은, 그래서 망설임 없이 다가갈 수 있는 그런 인품이었다.

두 분 모두 건강하시어 그곳에 계시는 동안 인격과 국격을 높일 줄 아는 어르신들을 많이 배출해 주시길 빌겠습니다. 그리고 명심하겠습니다. '함께라면'과 '일 십 백 천 만', 그리고 '누죽걸산'이란 사자성어.

왕소군(王昭君)과 춘래불사춘(春來不似春)

절대가인(佳人) 왕소군. 천하일색 양귀보다 더 예쁘고, 문미(文美)에 지(智)까지 겸비한 황진이보다 더 아름다운 여인 왕소군. 그 미모가 어떠했을까?

왕소군의 첫 번째 사내는 한(漢)나라 황제인 원제(元帝)고, 두 번째 사내는 남쪽 흉노족 왕인 호한야 선우(왕의 호칭)이며, 셋째 사내는 호한야 본처의 아들인 복주루 선우인 것이다. 얼마나 아름다웠기에 한나라 황제가 취하고, 흉노족의 왕과 아들 사이인 부자지간이 취하고, 그 미모 때문에 유명 화공(畵工)인 모연수가 참수를 당하고, 날아가던 기러기까지 낙안(落雁)되었을까?

한번 보자. 그 유래를.

한(漢)나라 황제인 원제(元帝)는 호색가였다. 대궐에 있는 궁녀들도 부족하여 전국에 후궁을 모집한다는 조서를 내렸는데 (건소(建昭) 원년 (BC38), 전국 각지에서 선발된 궁녀들의 수가 수천 명에 이르렀다. 이때 미모의 왕소군(본명 왕장(王?))도 18세의 나이에 후궁으로 선발되어 입궁하였다. 황제는 수천 명에 이르는 궁녀들의 신상을 일

일이 파악할 수 없었기 때문에 화공(畵工)인 모연수(毛延壽)에게 궁녀들의 초상화를 그려 바치게 했다.

예나 지금이나 뇌물의 힘은 큰 것. 부귀한 집안 출신이나 수도 장안에 후원자가 있는 궁녀들은 화공에게 자신의 모습을 예쁘게 그려 달라고 뇌물을 바쳤으나, 왕소군은 집안이 가난한데다가 아는 사람도 없어 자신의 용모를 황제에게 속일 마음이 없었으므로 뇌물을 바치지 못했다. 뇌물을 좋아하는 모연수는 뇌물을 바치지 않은 왕소군의 용모를 형편없이 못생기게 그려 황제에게 바쳤다. 그러해서 왕소군은 입궁한 지 5년이 흐르도록 황제의 얼굴도 볼 수가 없었다.

그런데 보자. 반전되는 이야기를. 어찌 모연수가 이를 알았으랴.

입궁하여 쓸쓸히 지낸지 5년, 왕소군의 나이 23세. 남흉노의 호한야(呼韓邪) 선우(흉노족 왕의 호칭)가 원제를 알현하기 위해 장안으로 왔다. 호한야는 모피와 준마 등 많은 공물을 가지고 와서 황제에게 공손하게 문안을 올렸다. 크게 기뻐한 황제는 성대한 연회를 베풀어 호한야 를 환대했다. 호한야는 원제에게 황제의 사위가 되고 싶다고 청하였다. 원제는 그의 청을 기꺼이 받아들이고, 공주를 시집보내기 전에 먼저 그에게 한나라 황실의 위엄을 과시하고 싶어 자기 후궁 중에서 아직 총애를 받지 못한 미녀들을 불러와 술을 권하게 했다. 궁녀들이 들어오자 호한야는 다채로운 모습에 한참 동안 넋을 잃고 바라보다가 그중에서 절세의 미인을 발견하고는 즉시 원제에게 또 다른 제의를 했다. '황제의 사위가 되기를 원하지만 꼭 공주가 아니어도 좋습니다.

저 미녀들 중의 한 명이어도 괜찮습니다.'

황제인 원제는 원래 종실의 공주들 중에서 한 명을 택하려고 하였으나 이제 궁녀들 중에서 한 명을 선발한다면 번거로움을 피할 수 있다는 생각에 호한야의 제의를 즉석에서 수락하였다. 호한야는 23세의 절세가인 왕소군을 지목했다. 너무나 아름다운 왕소군의 미모에 원제도 그만 반하고 말았다. 생각해보라. 아직 다른 사내들의 손때도 묻지 않은 방년 23세의 숫처녀의 모습을. 황제도 자신의 눈을 의심했다. 그러나 황제로서 한번 내린 영을 다시 번복할 수도 없었다.

자신을 속인 화공을 그냥 둘 수 없었다.

원제는 연회가 끝난 후 급히 돌아가서 궁녀들의 초상화를 다시 대조해 보았다. 왕소군의 그림이 본래의 모습과는 너무 다른 것을 발견한 원제는 그림을 속여 그린 모연수에 대한 분노가 치밀어 올라 진상을 철저하게 조사토록 명령했다. 모연수는 결국 황제를 기만한 죄로 참수되었다.

예나 지금이나 남정네의 욕구는 노소불문이고 지위고하를 따지지 않고 발정(發情)하는 법. 우리는 요즘 미투에 걸려드는 남정네들을 보면 설명이 필요 없다. 원제는 잔머리를 굴렸다. 그냥 보낼 수 없기 때문이다. 그래서 호한야에게 혼수가 아직 준비되지 않았으니 3일만 기다리라고 속이고는 조용히 왕소군을 미앙궁(未央宮)으로 불러 사흘 밤 사흘 낮을 욕정을 채웠다.

3일 후, 왕소군은 흉노족 차림으로 단장을 하고 미앙궁에서 원제에게 작별을 고하였으며, 원제는 그녀에게 소군(昭君)이라는 칭호를 내렸다.

세월이 흘러 호한야 선우가 죽은 후, 호한야의 본처 아들인 복주루(復株累) 선우가 왕이 된 후 왕소군을 취했다. 아버지의 애첩을 취했던 것이다. 왕소군은 다시 복주루의 첩이 되어 딸 둘을 낳았다. 왕소군이 죽은 후 그 시신은 대흑하(大黑河) 남쪽 기슭에 묻혔다 한다. 왕소군의 묘는 내몽고 후허하오터(呼和浩特) 남쪽 9킬로미터 지점에 있다. 전하는 말에 의하면, 가을에 접어든 이후 북방의 초목이 모두 누렇게 시들어도 오직 왕소군 무덤의 풀만은 푸름을 잃지 않고 있기 때문에 '청총(青塚)'이라 하였다고 하고, 공중을 날아가는 기러기도 그 미모에 취해 날개짓 하는 것을 잊고 땅에 떨어졌다(落雁)한다. 이 이야기는 《서경잡기(西京雜記)》에 나온다.

왕소군에 대한 이야기는 후세 사람들의 입에 끊임없이 오르내리면서 시가, 소설, 희곡 등의 각종 문학 양식을 통해서 그 형상이 끊임없이 회자되고 있고, 필자도 그의 미모에 취해 추상화를 그리며 도취 돼 있는 것이다.

어디 그뿐인가?

胡地無花草(호지 무화초)-오랑캐 땅이라 한들 화초마저 없겠느냐?

春來不似春(춘래 불사춘)-(왕소군이 없는 곳엔) 봄이 와도 봄 같지 않네.

自然衣帶緩(자연 의대완)-옷에 맨 허리끈이 절로 느슨해지니

非是爲腰身(비시위요신)-가느다란 허리 몸매를 위함은 아니라오.

당나라 시인 동방규(東方)도 이 사연을 읊어 그 유명한 '춘래불사춘' 이란 말을 남겼던 것이다.

조심하라 남정네 들이여! 미투 때문에 하루아침에 가정이 무너지고, 공든 탑 무너지는 남정네들이 얼마나 많으며, 구린내 나는 뇌물 받아먹고 좀비 노릇하는 인간들이 그 얼마인가?

여민관(與民官)의 춘풍추상(春風秋霜)

문재인 대통령이 지난 2월 5일 오후 청와대 여민관서 주재한 수석 · 보좌관 회의에 배석한 참모들한테 春風秋霜(춘풍추상)이란 글귀를 언급하며, 비서관실에 액자를 선물했다고 한다. 이 '춘풍 추상'이란 말은 "남을 대하기는 춘풍처럼 관대하고 자기를 지키기는 추상같이 엄격해야 한다."는 채근담의 '대인춘풍(待人春風) 지기추상(持己秋霜)' 문장의 일부를 떼어내어 조립한 말이다.

이렇게 조립한 글귀는 신영복 선생이 참여정부 시절 노무현 대통령에게 선물한 것인데 문 대통령이 그때 기억을 살려 그 글을 찾아보라고 부속실에 지시했고, 부속실에서 신영복 선생의 '더불어 숲' 재단에 문의해 재단에서 보관하던 글을 재단 양해를 구해 전달 받은 사본인 것이라 한다.

"남을 대하기는 춘풍처럼 관대하고, 자기를 지키기는 추상같이 엄격해야 한다."는 이 말.

그런데 보자. 과연 문대통령은 이 말에 대하여 되새김질을 하며 한 말인가를. 지금 서슬 퍼렇게 행하고 있는 적폐청산만 봐도 그렇다. 내 편이나 내 편을 들어준 참여연대나 촛불 세력들에게는 춘풍처럼 관대하게 대하면서 반대편 보수 세력들에게는 이런 저런 잘못을 들춰내 망나니 칼을 목에 대는 것은 아닌지. 남에게는 관행도 죄라면서, 내 편에게는 관행이기에 괜찮다고 하는 것은 아닌지.

문대통령의 말을 더 들어보자.

문 대통령은 이 액자 속에 쓰인 글귀를 설명하며 “공직자로서 뿐만 아니라 한 인간으로 살아가면서 이보다 더 훌륭한 좌우명이 없다고 생각한다. 공직자가 공직에 있는 동안 이런 자세만 지킨다면 실수할 일이 없을 것이다”라고 당부하며, “우리 정부가 2년 차에 접어들면서 기강이 해이해질 수 있는데, 초심을 잃지 말자는 취지에서 액자를 선물하게 됐다”며 “남들에게 추상과 같이 하려면 자신에게는 몇 배나 더 추상과 같이 대해야 하며, 추상을 넘어서 한겨울 고드름처럼 자신을 대해야 한다”고 덧붙였다 한다.

지당한 어명(?)이다.

그런데 한 번 보자. 김기식 금융감독원장을 둘러싼 의혹에 대한 청와대 입장 말이다. 이를 놓고 청와대에선 김기식 금융 감독원장에 대해 “국민 눈높이에 맞지 않지만 해임에 이를 사안은 아니다.”라고 제 편 감싸기를 위한 이중적인 성격을 노출시킨 것이다.

그렇다면 청와대나 민주당이 그토록 애지중지 감싸고 있는 김기식 금융감독원장은 누구인가?

김 원장은 국회의원 시절 정의의 사도인 양 행세했다고 한다. 국회 정무위에서 공무원과 공공기관 관계자들의 작은 잘못도 추상 같이 나무라며 '정의, 또 정의'를 외쳤던 그의 별명은 '저승사자'로 통했다 한다. 그런 그가 임시직의 여비서를 데리고 피감기관에서 건네준 뇌물성 돈으로 외국에 가서 모 은행에서 대준 승용차로 즐겼다하니 이는 의정활동을 하면서 '말 따로 행동 따로'의 행태를 보인 게 아니고 무엇이란 말인가?

그래서 이런 자를 감싸면서 '대인춘풍(待人春風) 지기추상(持己秋霜)'이란 말을 사용하는지 그 속내를 의심하지 않을 수 없다.

문대통령이나 청와대 참모진, 그리고 민주당 의원들에게 권하고 싶다. 땅 위에 솟은 대[竹]를 보지 말고 땅 속에 도사리고 있는 대[竹]의 뿌리들을 보라고. 대의 땅 속 뿌리는 땅 위에 보이는 줄기와 달리 속이 알차게 채워져 있으며 자기들끼리 똘똘 뭉쳐 빽빽하게 군락을 이루기 때문에 열매 맺는 활엽수나 침엽수, 또는 잡풀들이 자라지 못하게 하고 그로인해 짐승들도 이곳에서는 살수가 없게 만들고 있다는 것을.

무섭다 못해 소름까지 끼친다. 대[竹]의 이중성. 겉으로는 곧은 척, 욕심이 없는 척. 그러나 눈에 띄지 않는 곳에서는 무서우리 만큼 자기들끼리의 담합. 이들이 뭉쳐있는 곳엔 잡초도 살 수 없고, 열매 맺는 활엽수나 침엽수, 심지어는 움직이는 짐승들까지도 둥지를 틀 수 없기 때문이다.

그래서 이 말. '대인춘풍(待人春風) 지기추상(持己秋霜)' 은 대통령이 관리들에게 하는 말이 아니라 우리네 잡초들이 대나무인 척하는 나리들에게 권하고 싶은 말인 것이다.

귀촌(歸村)인들의 성공한 삶

2018년 3월 26일(월) 1시. 귀촌인들 세 분이 팔도TV 초대석에 손님으로 초대 되었다. '대전아리랑'을 부른 유명 가수 허진주가 진행을 맡았고, 필자도 아내와 함께 출연하여 경험담을 털어놓았다.

강원도 홍천에서 '너브내 홍천잣'을 생산하는 김성화씨도 잣과 '백우산 더덕'을 들고 오셨고, 전북 진안 구봉산 기슭에서도 김천복 대표 내외분이 '구봉산 아로니아'와 '고로쇠 수액'을 들고 오셨으며, 역시 진안에서 문현배씨도 오줌소태와 당뇨병, 태아보호에 좋다는 토사자(새삼씨)를 들고 오셨다. 모두가 자신들이 정성들여 가꾼 농작물이요, 공기 오염이나 매연에 의해 오염이 되지 않은 깊은 산속에서 생산한 특산품들이라 했다.

이들을 격려하고, 힘을 실어주기 위해 봉사 대상을 수상하신 대전가수 협회장 김경암 가수도 달려와 '추억의 소야곡'과 '웃으면 복이 와요'를 불렀고, 색소폰 연주가 올리브님은 '립스틱 짙게 바르고'와 '남자라는 이유로'를 색스폰으로 연주하였다. 조연아 가수는 '열아홉 순정'과 '흑산도 아가씨'를, 화려한 한복차림으로 사뿐사뿐 나비 춤사위를 추어가며 등장한 안예주 가수는 '열두 줄'을, 이애순 가수는 '천년 사랑'을, 강순이 가수는 '사랑님'을, 그리고 진행을 맡고 있는 허진주 가수도 마이크를 잡고 '한 오백년'을 불러 이들을 격려하고 축하했다.

허진주 진행자는 인사말에서 "소중한 이야기와 즐거운 공연으로 함께 하는 팔도TV의 생방송 토크쇼 '팔도 초대석' 3월 26일 편에서는 시골 산 속으로 돌아와 삶의 터전을 일궈 가시는 세 분을 모시고, '귀촌의 행복한 삶'과 특용작물 재배 등에 관해 뜨거운 체험담을 나누며 즐거운 노래로 엮어간다"고 하였다.

먼저 마이크를 넘겨받은 김천복 대표의 말을 들어보자. 구봉산 아로니아와 고로쇠 수액을 생산해 낸다 하였다. 이어서 그는 "자연과 더불어 사는 삶, 생명을 살리고 이웃과 더불어 나누며 사는 꿈을 갖고 이곳을 찾아 귀농한 지 6년, 그 동안 어려움도 많았지만 어느 정도 자립의 기반을 만들었다고 감히 자부 합니다. 누구보다 나를 이해하고 따라 준 아내가 고마왔고, 마을과 지역 친구, 선후배들의 도움이 컸고, 특히 이 곳 천혜의 땅 구봉산자락이 큰 뒷받침이 되었습니다. 결국 나의 선택이 옳았고 얼마나 의미 있고 보람 있는 것인가를 확인할 수 있어 다행스럽기만 합니다. 이제 여기에 안주하지 않고 한 단계 업그레이드해야 할 당위성에 직면하고 있습니다. 그것은 단지 규모를 키우고, 돈을 더 벌겠다는 의미가 아닙니다. 나의 작은 성공이 다른 많은 사람들에게 도움이 되고, 내가 이룬 성과를 많은 사람들과 널리 나누어 갖고 싶은 소망 때문입니다. 무엇보다 귀농의 삶이 우리 사회에서 새로운 희망(대안)이 되고 중요한 흐름으로 확대되었으면 하는 것입니다. 그러므로 저는 이곳에서 많은 사람들이 참여할 수 있는 다양한 축제, 학습과 체험 프로그램을 만들어 갈 것이며, 필요한 기반시설과 인적인 네트워크를 만들어 가려고 합니다. 여기에 우리 농장과 진안고원에서 생산된 농식품들이 매개가 되고 크게 뒷받침이 될 것입니다."고 하였다.

그리고 이어서 구봉산 아로니아의 효능과 고로쇠 수액의 효과에 대해서 자세히 설명해 주었는데 아로니아의 효능과 고로쇠 수액의 효능은 자동차 매연에 오염되지 않은 청정지역 진안군 구봉산 산자락에서 자란 명품들이기에 필자가 구태여 옮길 필요성을 느끼지 않아 접어두려 한다.

다음으로 너브내 홍천잣과 백우산 더덕을 가꾸신다는 김성화씨는 아예 농장 이름을 '서곡물산'이라 지었다 했다. 그러니 귀농하여 서곡물산의 대표가 된 것이다.

김성화 대표는 "홍천잣은 홍천의 5대 명물 중 하나로, 조선시대 임금님께 진상되었던 진상잣으로 알려져 있으며 홍천이야말로 전국의 잣 최대 생산지로 정평이 나있으며, 사계절이 뚜렷한 홍천지방의 기후는 잣의 성장 조건에 가장 적합한데다가 홍천의 질 좋은 흙에서 생산되었기에 '너브내 홍천잣'은 열매가 실하고 맛이 뛰어나 꾸준히 섭취하면 기력을 보충하고 머리를 맑게 하여 공부하는 학생들과 치매예방 및 혈액순환을 좋게 하는 효능이 있다."고 하였다. 그가 왜 구태여 '너브내 홍천잣'을 고집하는가? '너브내'란 홍천의 옛 지명이고 조선시대 '너브내 잣'하면 모르는 이가 없을 정도로 널리 알려져 있기 때문이다.

다음으로 토사자(새삼씨)를 가지고 오신 황금알 대표 문현배 대표는 토사자의 효능에 대하여 자세히 설명해 주었다. 듣기에도 생소한 토자자씨. 주로 간과 신장에 들어가 간과 신장을 보호하며 눈을 밝게 해준다고 한다.

토사자(새삼 씨)에는 칼슘, 마그네슘, 나트륨, 니켈, 라듐, 철, 아연, 망간, 구리 등 광물질과 당분, 알칼로이드, 기름, 비타민 B1, B2 등이 들어 있어 양기를 돕고 신장 기능을 튼튼하게 해주고, 신장이 허약하여 생긴 음위증, 유정, 몽설 등에 효과가 좋다고 하며, 성장하는 자녀들의 뼈를 튼튼하게 하고 허리에 힘을 세게 하며 신장 기능이 허약한 것과 허리와 무릎이 시리고 아픈 것을 치료하기도 하며, 당뇨병 치료에도 좋다 한다. 씨앗을 달여 씨 15g정도를 깨끗이 씻은 후 물 1리터에 끓이기 시작하여 물이 끓기 시작하면 불을 약하게 하여 물이 1/2로 줄 때까지 끓인 후 토사자를 건저 내고 하루 세 번 식후에 마시면 효과가 크다고 했다.

진행되는 2시간 30분 동안 감동 그 자체였다. 이처럼 정직한 마음으로 농산물을 생산해내는 분들이 계시기에 우리 국민들이 건강한 삶을 살아가는 것이 아니겠는가. 필자 또한 그렇다. 내 아내는 3년 전부터 치매를 앓고 있다. 그런데 인터넷을 검색하다보니 진안군 이항로 군수가 구봉산 아로니아가 치매에도 좋다고 홍보해 주는 것을 보고 바로 구입해 복용시켰더니 1년 복용한 결과 남편인 내 이름 석 자를 기억해 내고 있는 것이다. 그리고 더 악화되지 않고 있는 것을 확인했다.

자식의 머리를 매만지는 부모와 농작물을 매만지는 농부의 마음은 같다고 한다. 애지중지 한다는 말이다. 아마도 이 세분들은 이런 심정으로 그들의 특용작물을 키워 소비자들의 건강을 지켜주는 것이리라.

그러나 귀촌 한다는 것은 현실과 동떨어졌다는 비판을 받기도 한다. 사실, 농업인들은 생계를 위해 농사를 짓고 있는데 반해 귀촌인들은 자신들이 먹고 살 여유가 있는데도 힘든 농사일을 택하고 있기 때문이다. 그러나 보라. 이들 세 귀촌인. 그들은 지금 성공하여 보람 있는 생활을 하고 있는 것을. 나보다도 남을 먼저 생각하여 질 좋은 특산품을 생산하려는 그 귀한 마음. 지금 우리는 이런 분들의 고귀한 헌신으로 이것저것 몸에 좋다는 것을 섭취하고 있는 게 아닌가?

행복한 노후 생활

나는 매일 행복한 생활을 하고 있다. 매일 아내 눈동자 속에 살아가고 있기 때문이다. 그것이 그렇게 행복할 수가 없다.

아내를 위해 밥 짓고, 집안 청소하고, 세탁기 돌리며, 아욱국도 된장 풀어 끓이고, 콩나물국에 새우젓도 넣고 끓이고, 미역국에 다진 마늘을 넣는 것도 이제는 알게 되었다. 시금치나 아욱국, 콩나물국에는 청양고추와 다진 마늘을 넣어야 칼큼한 맛이 나는 것도 몇 번의 시행착오 끝에 알게 되었다. 어디 그뿐이랴. 소고기 장조림을 할 때에는 고기를 한 번 삶아낸 후 장조림 간장에 양파, 청양고추, 붉은 고추, 구봉산 산죽염 몇 스푼을 간을 맞춰 넣는 것도 알게 되었고, 경기미 20Kg에 38,000원하는 것과 채소류는 대부분 1500원 이내인 것도 알게 되었다.

슈퍼에 갈 때는 아내 오른 손을 내 왼손으로 잡고 함께 간다. 차가 오면 곁으로 함께 비켜섰다가 가고, 횡단보도를 건너가서는 무사히 건너와 다행이라고 얼굴을 마주 보며 웃는다. 내가 요리를 할 때는 아내가 곁에 와서 "뭐 하는 거야"하고 소곤거리며 묻는다. 그럴 때마다 난 아내 얼굴을 바라보며 "응, 지금 시금치 다듬고 있어" 하며 웃어준다.

내 아내, 올해로 일흔 일곱 살이다. 3년 전부터 치매 증상이 있었다는 걸 모르고 지냈는데 재작년(2016년 11월)에 의사 진단으로 알게 되었다. 그 당시는 그래도 밥도 손수하고, 세탁기도 돌렸는데 세월이 지나면서 차 사고도 자주 일으키고 엉뚱한 짓을 자주하기에 자가용도 내가 운전하게 되고 집안 살림도 아예 내가 맡아 하기 시작했다.

강의 갈 때는 차에 태우고 함께 가 강의실 뒷자리에 앉혀놓고 강의가 끝나면 함께 손잡고 강의실을 나온다. 모임에 갈 때도 손잡고 함께 가고, 먼 곳에 일보러 갈 때는 차를 오래 탈 수 없어 집에 두고 가는데 이때는 가까이 살고 있는 남상선 친구가 와서 밥을 차려주곤 한다.

병원에서 치료 받고 있는데도 진행 속도가 빨라져 요즘에 와서는 사물의 이름도 모르고 자녀들의 이름조차 기억하지 못하고 있다. 난 아내의 이런 병을 감추지 않고 언론에, 월간지와 동인지에 자주 발표하였다. 대개는 가족의 이런 병을 드러내지 않으려는 경향이 있으나 뭐 그럴 필요가 있는가? 아내가 이런 병을 앓고 있는 것을 아는 분들은 좀 실수를 해도 이해를 해주고, 좋은 정보도 알려주고 있지 않은가?

어느 날인가 문학회 모임에서 한밭대 인문학장을 역임한 김선호 학장께서 뉴욕 타임지에서 발표했다는 몸에 좋은 건강식품 10가지를 소개해 주었다. 시금치, 녹차, 마늘, 견과류, 브로콜리, 귀리, 연어, 적포도주, 블루베리가 그것이다. 그러면서 요즈음엔 블루베리보다 안토니아신 함유량이 3배가 넘는 아로니아도 소개해주었다. 안토니아신 함유량은 100g당 블루베리가 103.3mg인데 반하여 아로니아는 그 3배가 넘는 349.7mg이라하니 가급적 아로니아를 많이 먹도록 권장해 주었다.

김 학장의 말을 듣고 인터넷을 검색하다보니 지난해 어느 휴일 '유명 가수 허진주와 함께하는 아로니아 축제' 장면의 동영상이 있는데 진안군민의 호위무사 이항로 군수가 구봉산 아로니아를 홍보하는 내용이 퍽 감동적이었다.

이항로 군수의 말에 의하면 "구봉산 아로니아는 혈관 내 노폐물, 콜레스테롤을 제거하여 혈액순환을 원활하게 하고 심혈관질환, 뇌혈관질환에 도움을 주며, 눈 건조증, 눈물, 눈의 피로에 도움을 주는데 항산화작용이 뛰어나 세포의 노화방지를 해주고, 인슐린 생성을 촉진 하여 당뇨 합병증 예방에 도움을 주는 열매인데 특히 우리 고장인 전북 진안군 주천면 구봉산 밑에서 자란 구봉산 아로니아는 자동차가 다니지 않아 매연이 전혀 없는 깊은 산속 계곡에서 자란 열매라 직접 나무에서 열매를 따 먹어도 괜찮다"고 자랑이 이만 저만이 아니었다.

세상에! 자기 고장의 특산물을 홍보하기 위해 진안군의 목민관이 이렇게 휴일마다 직접 발로 뛰다니. 그것도 단체가 아닌 한 개인이 하는 농장에 달려와 자기 고장의 노래인 '진안 아가씨'를 부르며 농산물을 홍보하는 모습에 감동이 되고 전국의 지방 목민관이 이랬으면 하는 바람이 컸다. 비싼 돈 주고 데려온 연예인이 아니기 때문에 더 믿음이 갔고 그래서인지 값도 저렴했다. 자랑스러웠고 금강역사처럼 생긴 이항로 군수가 믿음직스러웠다.

그냥 말수가 없었다. 아로니아 분말을 인터넷으로 구입하니 값도 30%나 저렴했다. 아로니아 분말 1개월분 6병에 42,000원과 고로쇠 수액 1.5L 6병을 30,000원에 구입했다. 이것 말고도 병원치료비와 주간보호센터 간병비도 부담 될 정도로 들어갔다.

그런데도 나는 내 아내를 위해 최선을 다하고 있다. 좋다고 하는 것은 뭐든지 다 할 마음가짐이다. 자존심을 버린 지 이미 오래 되었다. 부부지간에는 자존심이 걸림돌이 되어서는 안 되는 것이다. 자존심을 버릴 때 행복한 부부가 되는 것이다. 나는 아내의 병간호를 하고 집안 살림을 하는 동안 비로소 행복이라는 걸 알기 시작했다. 그동안 부부싸움은 서로가 바라는 기대감 때문에 일어났던 것 같다. 부모님의 자식에 대한 사랑은 조건이 없는데 반해 부부간의 사랑에는 조건이 따라붙은 게 사실이다. 조건을 없애고, 기대감을 없애니 54년 살아온 아내가 불쌍하고 가엾게 보였다. 무슨 일이든 하고 싶었다.

이런 모든 일은 하나님께 감사할 수밖에 없는 일이다. 조건 없는 무조건적인 감사다. 아내가 치매에 걸린 것은 감사할 일이 아니다. 그런데 나는 지금 그것도 감사하고 있는 것이다. 아내를 위해 진정으로 모든 걸 바치는 내가 나 자신에게 고맙고, 그런 모습을 보며 행복해 하는 아내가 있어 감사하기 때문이다.

대전 서구보건소(소장: 박경용) 치매 안심센터에 근무하는 직원들 모두가(김은희, 주미숙, 박종미, 백은경, 최선호, 조재엽) 친절해서 고맙고, 내 아내를 보호해주는 '둔산주간보호센터(원장: 정수미) 직원들이 친절해서 감사한 것이다.

우리 부부는 서로 눈을 보며 이야기를 할 때가 많다. 사람의 눈은 혀보다 많은 말을 하는데 54년 살아온 신뢰로 인해 눈빛을 보고도 그 뜻을 헤아리게 되기 때문이다.

이제 의사의 처방전에 의한 약 복용에, 주간보호센터의 간호를 받고, 보건소 직원들의 친절한 보살핌을 받으며, 구봉산의 아로니아 분말가루와 고로쇠 수액을 복용하며 거기에 남편의 감사하는 보살핌이 플러스 되고 있으니 아내의 병은 날로 호전 되리라 확신한다.

모두가 감사, 감사한 일이고 그래서 행복한 노후 생활인 것이다.

소확행(小確幸),
맘소울 부부교육

"당신 많이 힘들었구나!"

부부 사이 갈등 해결책 제시 및 힐링의 시간을 마련한 "맘소울 부부교육"이 3월 20일(금일) 오후 7시 30분부터 9시 30분까지 한밭문화예술교육원 아트홀(롯데백화점 맞은편 한밭새마을금고 9층)에서 '우리 부부 사는 이야기'라는 부부교육이 있다고 한다. 이른바 청소년 부모 인성교육모임인 맘소울(대표 김혜정)이 '부부 사이가 건강해야 아이의 마음도 건강하다'는 취지로 부부 사이의 소통을 위한 해결 방안을 제시하는 교육이 그것이다.

이번 행사는 감동 영상 관람, 부부 시낭송, 음악 공연, 상황극 공연, 조규윤 강사의 마인드 강연, 공감 토크 순으로 진행된다.

첫째, 부부 시낭송은 어려움을 겪은 한 부부의 마음을 직접 시로 표현하는 시간으로 오랜 세월 깊이 엮어진 부부의 정을 느낄 수 있으며,

둘째, 상황극 '당신 많이 힘들었구나'는 평범한 가정에서 흔히 일어날 수 있는 부부 사이의 갈등을 아내의 입장, 남편의 입장에서 표현해 부부들의 공감을 이끈다는 내용으로 엮어졌으며,

셋째, 조규윤 강사의 '행복을 주는 부부 소통법' 마인드 강연은 부부가 함께 사는 동안 겪는 갈등과 고충에 진정한 화해와 소통의 해법을 제시하는 실질적인 부부인성교육의 시간이 될 것으로 기대된다고 한다.

넷째, 마지막으로 '이 시간 당신의 마음을 보여 주세요!'라는 주제의 공감토크는 참여자들이 부부 사이의 어려움을 솔직하게 표현해봄으로써 서로의 마음을 연결해 고민 해결의 실마리를 찾아가는 특별한 시간도 갖는다고 했다.

'맘소울'은 답답한 엄마의 마음을 확 풀어 헤친다는 뜻으로, 청소년 자녀를 키우며 겪는 마음의 어려움을 함께 고민하고 공감하는 부모들 모임으로써 지난 해 수차례의 부모교육, 부부교육 행사를 통해 참여자들과 유관기관 및 언론으로부터 큰 호응을 이끌어낸 바 있다. 이른바 소확행(小確幸)의 꿈을 이뤄주는 부부교육을 '맘소울'에서 해주는 것이다.

소확행이란 무엇인가? 작은 일에도 행복을 갖는 것을 소확행이라 하는 것이다.

아내를 위해 설거지를 대신해주고, 아기 지저귀를 갈아 채워주는 데서 오는 행복감, 남편의 y셔츠를 깨끗이 빨아 다려주거나 출근하는 남편의 넥타이를 매어주는데서 오는 행복감, 그리고 출장갔다 돌아오는 남편을 터미널까지 마중나가 기다려주는 마음, 그것이 바로 소확행인 것이다. 그것을 깨닫고 실천할 수 있도록 도와주려는 것이 '맘소울'에서 하는 부부교육이다.

왜 구태여 이런 교육을 하려는가? 누가 그런 행복을 모르는 줄 알고? 하며 반문하는 친구도 있을 것이다. 요즈음 젊은이들의 삶의 방식이 예전과 많이 달라지고 있기 때문이다. 예전 우리 부모님들은 미래의 행복을 위해서 자신의 인생을 저축하고 부모가 맺어준 인연을 '조강지처'라 하여 평생을 해로 했고, 그 여인을 위해 모든 걸 바쳤다. 그러나 요즈음 젊은이들은 지금을 포기하면서까지 미래의 행복을 위해서 많은 노력을 기울이지 않을뿐더러 지금 나와 살고 있는 아내를 '조강지처'라고 생각하는 이도 드물고, 생각이 다르다고 이혼하는 사례가 비일비재하다.

젊은 부부들이여!

부부란 금슬지락(琴瑟之樂)인 것이다. 마치 거문고와 비파 같아서 서로 어울려 아름다운 합주를 만들어 내듯이 아내와 남편이 서로 양보하며 서로를 존중하면, 가정이 화목하고 만사가 잘 이루어지는 것이다. 그리고 이말 '부창부수(夫唱婦隨)'. 부부의 화합을 뜻하는 말로 예로부터 남편이 부르면 부인이 따른다는 말. 남편이 부르면 아내가 따르고, 남편은 아내의 눈동자를 보며 그 내포하는 의미를 알아차려 해결해주는 것, 그것이 바람직한 부부 관계인 것이다. 와서 들어보라. 부부사이의 사랑이 있고 가족 간의 화목이 예 있는 것이다.

도광양회(韜光養晦) 와 목계지덕(木鷄之德)

의 자

선거철이다.
웃어준다고 내 편일까?
손잡아 흔들었다고 마음 열까?
의자는 비어 있고
앉고 싶은 사람은 많다.
도광양회(韜光養晦)
목계지덕(木鷄之德)
누굴 향해 하는 말인가.
어디 이런 사람 없는가?

내 아는 지인께서 익명으로 보내준 시(詩)다. '도광양회(韜光養晦)'와 '목계지덕(木鷄之德)'이라는 의미를 알고 실천하는 사람이 앉아야 한다는 내용이다.

1. 그럼 보자 도광양회

'자신의 재능을 숨기고 인내하며 때를 기다린다.'는 의미를 가지고 있다. 14세기 중엽 명나라의 나관중(羅貫中)이 쓴 〈삼국지연의(三國志演義)〉에 나온다. 현재의 상황이 불리하면 스스로 자신을 낮추고 드러나지 않게 하며 자신이 모든 조건을 갖춘 다음에 나서야 된다는 것을 가르치고 있는 말이다. 유비가 조조와 실력으로 되지 않으니 이렇게 때를 기다렸다는 게 아닌가?

이처럼 도광양회는 천하를 통일할 꿈을 품고 있는 유비가 여포(呂布)에게 쫓겨 조조(曹操)의 식객으로 머물던 무렵을 배경으로 하고 있다. 유비는 조조의 경계심을 풀기 위해 후원에서 채소를 가꾸고 물을 주며 소일하고 있었다. 그런데 조조는 유비를 경계하라는 부하의 계속되는 진언에, 유비를 식사에 초대하여 "천하에 영웅이 있다면 그대와 나 뿐이다"라고 유비의 진심을 떠 보았다. 유비는 짐짓 천둥소리에 놀란 듯 젓가락을 떨어뜨렸다.

이것을 본 조조는 유비가 생각보다 그릇이 작은 인물이라고 생각하고, 뒤에 유비가 떠나는 것을 허락했다. 훗날 유비는 제갈량(諸葛亮)이라는 인재를 얻고, 민심을 바탕으로 군사를 일으켜 조조에 대적할 만한 큰 인물이 되었다.

상대의 힘이 자신보다 우월하다는 것을 알았을 땐 상대와 싸우려 들기보다는 비켜감으로써 화를 면할 방법을 궁리한 것이다. 이 고사 성어는 과거 덩샤오핑 시절 중국의 대외정책을 가리키는 표현으로 자주 인용되기도 하였다. 중국이 미국과 상대로 싸우는 것을 보았는가?

2. 두 번째 교훈 목계지덕(木鷄之德)

이 고사는 삼성을 창업한 고(故) 이병철 회장께서 이건희 아드님에게 가르친 것으로도 유명하다. 이병철 회장은 이건희 아들이 삼성에 입사한 첫날 '목계지덕'이라는 휘호를 적어주고 벽에 걸어두고 매일 묵상하며 마음에 새기게 했다 한다.

나무로 만든 닭 목계(木鷄)!

자신의 감정을 완전히 통제할 줄 알고, 상대방에게 자신의 매서운 눈초리를 보여주지 않으면서도 상대방으로 하여금 근접할 수 없게 하는 매서움을 지닌 사람. "望之似 木鷄, 其德全"(망지사 목계, 기덕전) "보기에 흡사 나무로 만든 닭과 같으니, 그 덕이 완전하다" 장자(壯者) '달생(達生)'편에 나오는 내용이다.

투계(닭 싸움)를 좋아하던 왕이 '기성아'라는 사람에게 용맹한 싸움닭을 구해서 최고의 투계로 조련하도록 명했다. 그런 후 열흘이 지나 왕이 물었다.

"닭이 싸우기에 충분한가?"

"아닙니다. 아직 멀었습니다. 닭이 강하긴 하나 교만하여 아직 자신이 최고인 줄 알고 있습니다. 그 교만을 떨치지 않는 한 최고가 될 수 없습니다."

열흘이 다시 지나서 왕이 묻자

"아직 멀었습니다. 이제 교만함은 버렸으나 상대방의 소리와 그림자에 너무 쉽게 반응합니다."

다시 열흘이 지나서 왕이 묻자

"아직 멀었습니다. 조급함은 버렸으나 상대방을 노려보는 눈초리가 너무 공격적입니다."

왕은 또 열흘을 기다렸다가 물었다. 그제야 조련사는 만족한 표정으로 말했다.

"이제 된 것 같습니다. 이제 상대방이 아무리 위협하는 행동을 하면서 소리를 질러도 아무 반응을 하지 않습니다. 완전히 마음의 평정을 찾아 드디어 나무와 같은 목계(木鷄)가 됐습니다. 이제 어느 닭이라도 이 닭의 모습만 보아도 고개를 숙이고 부리를 감출 것입니다."

장자가 이 고사에서 말하고자 하는 최고의 투계가 무엇인가?

첫째, 자신이 제일이라는 교만함을 버린 자.

둘째, 귀는 열어 놓되 입은 굳게 닫혀있는 자.(상대의 언행에 민감하게 반응하지 않는 자)

셋째, 상대방에 대한 공격적인 언행은 삼가는 자.

중국은 등소평 이후 시진핑이 미국이나 러시아, 일본에 대하는 태도를 보라.

중국은 서방에 문호를 열고 사유경제를 채택하면서 세계 최고의 인구를 바탕으로 한 내수 시장과 저렴한 인건비를 바탕으로 경제 성장을 유도하여 2000년대 후반 이후 세계 2위의 경제대국으로 성장한 것을.

이런 정책은 당시 서구 열강들에 대항할 만한 국제적 힘을 갖추지 못한 중국의 처지에서 매우 현실적인 선택이었으며, 이후 고도 경제 성장을 통해 중국이 시진핑 시대와 같은 위상에 오르는 데 중요한 구실을 했던 것이다.

자, 보자. 후보들이여!

의자는 한 개뿐이다. 누가 차지할 것인가?

자존심으로 꽉 차 있는 자? 아니면 오만함과 교만함으로 공격적인 어투를 내 뱉는 자? 높은 사람과 사진 한 번 찍은 것을 자랑으로 내세우는 자? 모두 아닌 것이다.

머릿속은 꽉 차 있으되 교만하지 않고, 귀는 열렸으되 입은 닫혀 있는 자(남 험담을 하지 않는 자). 공장 폐수까지도 받아들이는 바다처럼 마음이 넉넉한 자. 선거 사무실에 태극기를 펄럭이게 게양한 국가관이 확실 한 자. 이런 사람이라야 그 한 개 뿐인 의자를 차지할 수 있는 것이다.

두 마리 토끼를 거머쥔 전영철 사장

날이 밝으면 소년은 해변에 나가 만리포 앞 바다를 바라보며 꿈을 키웠다. 아스라이 보이는 지평선 너머는 어디일까? 그 곳이 중국대륙이라는 것을 안 때는 초등학교에 3학년이 지나서 였다. 그는 이 다음 어른이 되면 중국에 가서 큰 돈을 벌어 부모님을 호강 시켜 드리겠다는 생각을 했다. 가난에 쪼들리는 엄마가 늘 마음에 걸렸던 것이다. 그러나 엄마는 초등학교도 졸업하기 전에 소년의 곁을 영원히 떠났다.

어머니를 잃은 슬픔을 안고 모항초등학교를 졸업한 소년은 만리포 중학교에 입학했다. 그러나 막상 입학하고 나니 석 달마다 내야 하는 공납금을 걱정하는 홀아버지를 보기가 민망했다. 첫 학기를 마치고 여름방학에 들어간 어느 날, 소년은 중대결심을 했다. 학업을 포기하고 도회로 나가 돈을 벌어 가난을 벗어나겠다고 다짐한 것이다.

집을 떠나기 전 날, 소년이 찾은 곳은 뒷산에 있는 어머니 무덤이었다. 그는 묘소 앞에서 무릎을 꿇고 이렇게 하직 인사를 했다.

“엄마. 저는 내일 먼 길을 떠납니다. 부디 제 앞 날을 지켜주셔유. 제가 앞으로 사는 동안 에미 없는 자식 소리를 듣지 않도록 술과 담배를 멀리 하겠어유”

소년이 생뚱맞게 이런 다짐을 한 이유가 있었다. 엄마와 사별 후 그가 가장 듣기 싫었던 말이 '부모 없는 자식' 이라는 말이었기 때문이다. 동네 어른들이 입버릇처럼 내뱉는 그 험담은 엄마 없는 그에게 큰 상처였다. 그래서 남에게서 손가락질을 안 받는 방법으로 첫 번째 떠 오른 것이 금주 금연이었다. 그런 결심을 한 배경에는 술 담배를 가까이 하여 버릇없다고 욕을 먹는 이웃 형에 대한 평판도 많이 작용했다. 소년은 그 후 60세가 다 되기까지 어머니와의 약속을 지켰다.

난생 처음 서울 구경을 한 15세 소년이 영등포에서 구한 일 자리는 책받침 같은 합성수지판을 만드는 폴리프로필렌 공장이었다. 그는 이곳에서 청소 등 궂은 일을 도맡아 하며 기술을 익히고 저축을 했다. 그렇게 7년동안 일하며 모은 돈은 넉넉하지 않았지만 그에게는 돈으로 환산할 수 없는 든든한 기술이 있었다.

22세 청년이 된 가출 소년은 마침내 공원생활을 청산하고 독립을 했다. 그가 가내공업으로 차린 사업은 플라스틱 폐기물의 재활용이었다. 그게 평생의 사업이 될 줄은 그도 몰랐다. 처음에는 김포에서 시작했다가 얼마 후 미군부대 폐기물이 많이 나오는 동두천으로 자리를 옮겼다. 누구도 거들떠보지 않는 화학섬유 쓰레기만 찾던 그는 더 많은 쓰레기가 있는 곳이 어디일까 찾기 바빴다. 당연히 그의 눈길은 한강변에 자리잡은 난지도 쓰레기 하치장으로 쏠렸다.

동두천 생활 5년만에 서울에 입성한 29세의 만리포 촌뜨기는 1988년 난지도 허허벌판에 폐기물 재활용 공장을 차렸다. 사업 자금 5,500

만원중 3,000만원은 고향의 늙은 홀아버지가 가산을 팔아 마련해 주었다. 당시 난지도는 서울의 쓰레기가 총 집결하는 곳으로 하루에 수백대의 청소차가 들락거려 먼지와 악취로 숨이 막힐 지경이었으나 이 당돌한 20대 청년 실업가는 어떤 악조건도 개의하지 않고 전국 최악의 불결지대에 생업의 터전을 마련했다.

15세의 소년 근로자는 어느덧 14년이 흘러 팔팔한 청년 사장이 되어 있었다. 그동안 경리 사원을 아내로 맞아 자녀를 거느린 어엿한 가장이 되었다. 그는 자신의 결혼 성과에 대해 너털웃음을 지으며 이렇게 설명했다.

"여직원을 아내로 맞아들이고 계속 일을 맡겼더니 업무 성적도 높아지고 인건비가 줄어서 좋았습니다. 사장이 한 눈 팔 기회를 주지 않는 감시 효과도 있고."

난지도의 목 좋은 곳을 잡아 둔 새내기 사장은 관할 마포구청을 찾아 부지사용 계약을 체결했다. 그리고 조립식 가건물을 세우며 많은 궁리를 했다. 난지도에 거주하는 20여 가구의 주민을 고용하면 빈민들의 생계도 돕는다 생각하니 마음이 뿌듯했다.

난지도 사업은 청사진대로 착착 진행되었다. 주민들도 고정수입이 생기자 먼지를 뒤집어쓰며 쓰레기 더미를 뒤지는 일을 마다 하지 않았다. 그들이 하는 일은 쓸 만한 플라스틱이나 비닐류를 고르는 작업이었으나 자신들이 수집한 쓰레기가 플라스틱 제품의 원자재로 쓰여지는 것이 자랑스러웠다. 젊은 사장은 일과가 끝나면 종업원들이 퇴근

한 빈 공장에 남아 기술 연구와 사업 궁리에 여념이 없었다.

그러나 잘 나가던 난지도 사업은 예기치 않은 재앙으로 5년만에 물거품이 되었다. 공장이 화재를 만나 잿더미가 된 것이다. 주변의 주거용 가건물도 같은 운명이었다. 일부에서는 강제 이주를 거부하는 주민들의 집단 항의를 잠재우기 위해 일부러 불을 지른 것이라고 주장했으나 지위야 어떻든 이미 돌이킬 수 없는 화재였다.

하룻밤 사이에 전 재산을 날린 전 사장은 망연자실했다. 그러나 그의 오뚜기 기질과 10년 넘게 쌓은 영업 신용은 그를 좌절 시키지 않았다. 전사장의 기술과 능력을 신뢰하는 거래업자들이 재기를 도운 것이다. 누구는 자금을 대 주고, 또 누구는 외상으로 설비를 공급했다. 이 같은 도움으로 생긴 회사와 인물이 오늘의 주식회사 국제리프라텍과 대표이사 전영철 사장이다. 전 사장은 이에 앞서 평택에 국제리본산업을 세웠다. 그가 세운 두 회사의 연간 매출액은 100억원에 육박하고 있다.

전영철 사장은 사업가를 떠나서 유능한 발명가이기도 하다. 10여개의 기술 특허를 따낸 그는 17개국에 등록된 합성수지 분야의 국제 특허도 갖고 있다. 기업경영을 하며 밤낮으로 기술개발 연구에 매달린 결과 일 것이다. 회사 안에서 우수한 기술 인력의 양성에 각별한 노력을 기울이는 그는 기술자가 제대로 대접을 받지 못하는 우리나라 풍토를 한탄한다.

"기술자가 태극마크를 달고 국제 기능올림픽에서 메달을 딸 때마다 나는 감격의 눈물을 흘리는 버릇이 있습니다. 그런데 스포츠 메달리스트들은 평생 공로 연금을 받는데, 기술 메달리스트에게는 그런 혜택이 없어요. 나는 앞으로 수익금의 40%를 기술자 우대 기금으로 내놓으려 합니다. 그리고 고향(태안군 소원면)에는 기능올림픽 수상자 기념관을 세우려 해요."

전사장이 10여 년 전부터 매달리는 연구는 버려지는 기저귀를 재활용하는 기술이다. 이미 실용단계에 와 있는 문제의 기술에 대하여 전사장은 이렇게 설명했다.

"국내에서 폐기 소각되는 1회용 기저귀는 월 2000톤에 이릅니다. 여기에는 빨아 쓰는 행주와 생리대도 포함됩니다. 이처럼 많은 분량을 쓰레기로 버려진는 것은 큰 국가적 낭비예요. 우리 회사는 이들을 분해하여 플라스틱과 펄프 그리고 고형 연료로 재사용할 수 있는 기술을 보유하고 있습니다."

전 사장의 기술자 사랑은 외국인 근로자에게도 이어진다. 두 공장에서 일하는 25명의 종업원 중 10여명은 동남아 출신이다. 이들 중 누가 5년을 근속하면 1개월간 귀국 휴가를 주는 것이 회사 규칙이다. 그뿐 아니라 전 사장은 귀국 길에 오르는 종업원을 따라가 그의 집에서 4~5일간 머물며 친교를 다지고 TV와 냉장고 등 가전제품 선물을 잔뜩 안겨주고 돌아온다. 그래서 그가 고용한 외국인 근로자는 중도 퇴직하는 일이 거의 없고 회사 일을 자기 일처럼 열심히 한다.

전 사장은 고향 근처에 있는 천리포수목원에도 남다른 애정을 갖고 있다. 2002년부터 그가 15년동안 수목원에 낸 후원금은 1억원이 넘는다. 후원회원의 날 나무 경매 때는 팔다 남은 나무를 몽땅 사가는 '큰손' 이기도 하다. 만리 타국에 와서 아름다운 자연동산을 가꾼 민병갈 원장(귀화 미국인)을 가장 존경한다는 그는 유한양행을 설립한 유일한 박사를 존경하는 기업인 1위로 꼽는다. 유 박사는 기업을 대물림 하지 않고 전 재산을 사회에 환원한 기업인으로 유명하다. 공교롭게도 유일한-민병갈 두 사람은 생전에 아버지와 아들 관계로 가까이 지낸 사이다.

전영철 사장은 자신이 잘 했다고 생각하는 일을 세 가지 꼽는다. 첫째는 버려지는 화학섬유 폐기물을 재활용하는 기술을 개발한 것, 둘째는 천리포수목원을 도운 것, 셋째는 외국인 근로자를 가족처럼 대우한 것이다. 그리고 못내 아쉬운 것은 평생 고생만 하고 돌아가신 부모님에게 효도 할 길이 영원히 막힌 것이다. 전 사장의 성공적인 삶이 곧 효도였다는 위로의 말이 그에게는 통하지 않았다.

표적수사(標的搜査)가 아닌 다음에야

출범한 지 1년밖에 안 되는 '대전효문화진흥원'에 대한 얘기다. 표적수사란 특정한 대상을 미리 정해 놓고 그 대상만을 지나치게 집중적으로 수사하는 것을 말하는데 이번 대전둔산경찰서가 수사를 하고 있는 대전효문화진흥원에 대한 수사가 그렇다는 것이다.

왜 그런 의혹을 받는가?

첫째, 지난 10월말 채용비리의혹으로 투서에 의한 수사를 4개월이 넘도록 수사를 마무리하지 못하고 이제껏 끌어오고 있다는 점에서 그렇게 의심하지 않을 수 없다. 이처럼 단순사건인데다가 증거인멸의 의혹도 없고, 관계자들이 도망 갈 리도 없으며, 거기에 관계되는 모든 증거 자료들을 압수 수색하여 경찰이 확인한 상태다.

둘째, 효문화진흥원 채용 담당자인 A씨는 지난해 7월 진행된 4급 직원 채용 과정에서 청탁을 받고 면접시험 채점 과정에서 B씨에게 상대적으로 높은 점수를 줘 합격하게 했는데 이렇게 한 것은 '장시성 효문화진흥원장이 시킨 대로 했다.'고 경찰에서 진술했다는 의혹이다.

이는 일부 언론들이 서로 다투어 보도했기에 필자도 읽은 바 있다.

그러나 현명한 경찰이라면 장 원장이 무엇을 A씨에게 시켰는가를 알아보는 것을 우선 순위로 여겼을 것이다. 특정인에게 높은 점수를 주라고? 웃기지 마라. 장시성 원장을 아는 대전의 모든 공무원들이나 시민들은 이 말을 믿는 사람들이 얼마나 있다고 생각하는가? 그는 수십 년간을 공직생활하고 있으며 부정비리에 연루된 어떠한 일도 없는 깨끗한 인물인데다가 겸손하기 이를 데 없는 대표적인 공무원인 것이다.

그런 그가 어떤 명령을 했겠는가? 한 번 보자.

이날 사무처장이 질병으로 인해 어려운 업무를 감당하기 어려워하므로 직무대리인 A씨에게 이 업무를 맡도록 지시한 것이 마치 장원장이 특정인에게 높은 점수를 주라고 지시한 것처럼 보도되었던 것이다. 우리 속담에 '아 다르고 어 다르다'는 말이 있다. 수사하는 경찰들은 '아'와 '어'의 다름을 알아야 할 것이다. 또한 이로 인한 관계자들의 피해를 무엇으로 보장할 것인가를 고민해야 할 것이다.

셋째, 특정인을 합격시키기 위해 면접 점수를 높게 주었다고?

그럴 수도 있다. 그러나 빙산의 일각에 대하여 수사하는 수사관들은 알아야 할 것이다. 면접은 빙산의 1각을 보려는 게 아닌, 빙산의 99각을 보려는 게 바로 면접인 것이다. 빙산의 1각은 자기소개서나 필기시험에 이미 드러나 있다. 그러나 자기 소개서나 필기시험에 드러나 있지 않은 성격이나 태도, 남을 배려하고 아끼는 품성은 면접 아니고는 발견할 수가 없는 것이다.

같은 직장에서 서로 얼굴 마주치며 함께 일을 한다는 것은 단순히 일만 잘한다고 직장이라는 조직이 완성되는 것은 아니기 때문이라는 것을 경찰들도 잘 알고 있을 것이다. 대전효문화진흥원은 효문화를 확산하고 뿌리를 내리기 위해 나랏돈 수십억 원을 들여 설립한 기관인 것이다. 그래서 함께할 조직의 구성원을 뽑는데 업무적 능력도 보지만 인성도 함께 보는 것이다. 기존의 구성원과 함께 어울리는데 문제는 없는가는 매우 중요하기 때문이다.

넷째, 특정인을 합격시켜준 대가로 향응이나 접대를 받았다는 의혹이다.

이것도 웃기는 의혹인 것이다. 가 보라. 이들이 향응을 받았다는 식당엘. 음식 값을 누가 어떻게 지불하였나를. 필자가 구태여 해명을 않더라도 경찰에서는 이미 알고 있을 것이다. 언제, 누가, 어떤 방법으로 음식 값을 지불하였나를.

이 수사를 맡은 대전둔산 경찰서 수사관들이여!

첩보에 의해 수사는 하되 발표는 정보에 의한 것만 하도록 하라. 필자는 본래 경찰의 노고에 대하여 여러 차례 치하하는 칼럼을 써서 중도 일보를 비롯한 여러 언론에 발표한 바 있고, 어떤 칼럼은 경찰 신문에도 보도된바 있다. 그렇게 경찰만은 믿고 있는 필자다.

필자가 대전둔산경찰서의 수사 진행과정을 보고 빙산의 1각을 논하며 왜 면접시험의 필요성을 논하는가? 대전효문화진흥원은 과학을 연구하고 제품을 생산해 내는 기업이 아니라는 것을 강조하기 위해서다. 물론 경제정책을 논하고, 과학이나 수학적 논리를 따지는 기업이나 기관이라면 나노미리의 오차가 없는 정답을 말해야 합격될 것이다. 그러나 효문화진흥원은 「효행장려 및 지원에 관한 법률」에 의거 국가 최초의 효문화 체험 · 교육 및 전문연구기관으로 출범 된 기관이다. 논리를 따지거나 경제정책을 연구하는 기관이 아닌 것이다. 전국적으로 수많은 교육기관에서 어린이들을 이곳에 보내어 효를 익히게 하고, 또한 성인 및 노인들과 외국인에 이르기까지 이곳을 다녀갔다. 무슨 말인가? 이곳은 논리나 수학적 계산보다는 남을 생각하고 배려하며 효행와 덕행을 보고 느끼고 실천을 배우는 곳이기에 나쁜 이미지가 드러나서는 안 된다는 것이다.

결론을 맺자.

대전둔산경찰서를 비롯하여 대한민국 모든 경찰은 많은 국민들이 아끼고 사랑을 하는 민중의 지팡이인 것이다. 경찰 제복을 입은 사람만 보아도 든든하게 여기는 국민들이 얼마나 많은가 생각해 보라.

그런 경찰들이기에 피의자로 지목된 담당자나 그 가족들, 그리고 원장을 비롯해 함께 근무하는 동료직원들과 이곳에 와서 봉사하고 있는 봉사자들의 마음을 헤아리고, 득과 실 가운데 어느 쪽에 무게가 큰가를 헤아려 어서 매듭을 지어달라고 당부하는 것이다.

특히 언론 당사자들에게 당부하고 싶은 것은 정확한 보도를 하라는 것이다. 정확하지도 않은 보도를 '아니면 말고' 식으로 보도 했다가 이의를 제기 받고 정정 보도하는 'ㅎ'언론사가 그 대표적이다.

대나무의 이중성,
그를 해부한다.

전라도 땅 담양에 가면 대나무 숲이 있고 해마다 5월 초순이면 '사)담양 대나무 축제 위원회'에서 주관하여 대나무 축제가 열립니다. 대는 곧습니다. 그리고 속은 텅 비어 있어 욕심이 없는 것처럼 보입니다. 거기에 늘 푸른데다가 군집을 이루고 있어 여타의 생물들이 근접을 못하게 합니다. 이게 문인들이 그렇게도 예찬하는 대의 모습입니다.

그렇다면 인간들의 눈에 띄지 않는 대의 뿌리를 볼까요?

대의 땅 속 줄기는 땅 위에 보이는 줄기와 달리 속이 알차게 채워져 있으며 자기들끼리 똘똘 뭉쳐 빽빽하게 군락을 이루기 때문에 열매 맺는 활엽수나 침엽수, 또는 잡풀들이 자라지 못하게 하고 그로인해 짐승들도 이곳에서는 살수가 없게 만들고 있습니다. 축제 때 가보세요. 다른 잡초나 열매 맺는 활엽수들이 어디 있으며, 이곳에 살고 있는 짐승들이 어디 있나. 그래서 그들만의 숲을 이루며 울울창창하다고 자랑하고 있는 것입니다.

대나무의 구조를 보실까요?

나무와 풀의 구분은 생장점이 어디에 있느냐에 따라 차이가 있잖아요? 풀의 생장점(生長點)은 1년 초의 경우 종자가 지면이나 땅속에 있고, 다년 초의 경우 생장점이 지표면에 있으며, 연륜(年輪, 나이테)이 있는데 반하여, 대죽[竹]의 생장점인 죽순은 땅속에 있고 줄기는 지상부에 나와 있습니다. 그러나 대는 일반 여러 해 살이 나무처럼 나이테가 없지요. 그래서 조선시대 윤선도는 오우가(五友歌)에서 대를 일컬어 '나무도 풀도 아닌 것이 곧기는 뉘 시기며'라고 예찬 했지요.

우리는 여기서 눈여겨볼 필요가 있다고 생각합니다. 무엇인가 하면, 눈에 보이는 땅 위 줄기는 속이 텅 비고 곧게 생겼다고 예찬들을 하고 있는 데 반해, 눈에 보이지 않는 땅 속 줄기는 속이 꽉 찼으며 자기들끼리 얽혀 다른 식물들의 침범을 막고 있다는 것을 간과하고 있다는 것입니다.

속이 비어있는 이유가 욕심이 없어서 그렇다구요? 천만에 말씀입니다. 주의 깊게 보세요. 땅 속 조직의 세포 역할과 땅 위 줄기의 관계를.

문학을 하는 사람들은 대를 사군자(四君子)의 하나로 여겨 지조와 절개를 상징한다고 붓을 놀립니다. 그리고 강직한 사람을 '대쪽같은 사람으로 불의나 부정과 타협하지 않는 군자의 행실에 비유하지요. 또한 '시경'에서도 "훌륭한 저 군자여"라고 군자에 비유하고 있습니다. 유교적 가치관에 젖은 선비들은 대를 그들의 척도로 삼기도 했지요. '에헴' 하며 수염만 쓰다듬던 선비들이 뭘 알았겠습니까? 그저 눈으로 보이는 것만 가지고 나불댔던 것이지요. 이는 대의 속성을 모르고 하는 잘못된 비유라고 생각합니다. 보이지 않는 곳에서의 대의 속성을 생각해 보세요. 겉으로는 안 그런척하는 이중성에 소름이 끼치지 않나요?

어디 그것뿐이겠습니까? 정몽주가 피살된 다리를 선죽교(善竹橋)라 명명하고, 대한제국 말기 민영환이 자결한 곳을 혈죽(血竹)이 돋았다고 하는 이야기도 이런 의미를 부여했기 때문이겠지요.

불제자들 이야기를 안 할 수 없네요. 불제자들께서도 대를 속세에서 벗어나 자연을 도우며 자비의 마음을 돕는다 하고 있으며 댓가지는 관음보살의 자비를 나타낸다고들 합니다. 선가(禪家)에서는 수행자를 지도할 때 죽비(竹)를 사용하는데 이는 수행의 증진을 상징하기 때문인 것입니다. 이 모두가 대의 겉모습만 보고 하는 말들입니다.

또 있어요. 대의 겉모습만 보고 찬양하는 말들이. 중국에서는 순(舜)임금이 창오(蒼梧)에서 죽었을 때 아황(娥皇)과 여영(女英)이 소상강 가에서 슬피 울다 눈물이 강가에 있는 대에 뿌려져 물들었다고 하여 소상반죽(瀟湘斑竹)이라 하는데 이는 남편을 따라 죽은 그들의 절개를 상징한다는 데서 나온 말이라 하네요.

일본에서는 갈라지되 타협하지 않는 스스로의 민족성을 대에 비기고 있으며, 송죽매(松竹梅)를 세한삼우(歲寒三友)라 하여 신년경축이나 모든 경사에 상징으로서 표시하기도 합니다.

그래서 말입니다. 우리나라 전역이 이렇게 이중성을 가진 대로만 뒤덮였다면 어찌될까 생각해 보셨습니까? 보이지 않는 곳에서는 구불구불 이리저리 자기들끼리만 얽혀 꿈틀거리고, 보이는 곳에서는 갈라지되 타협하지 않는 것처럼 곧고 강하며 욕심이 없는 것처럼 보이게 하는 것.

6.13지방 선거를 앞두고 제가 왜 이런 말을 하는지 짐작이 되시지

요? 우리나라 청와대를 비롯하여 중앙정부의 관료들을 보십시오. 그리고 위에 제가 말한 것과 유추해 보시지요. 짐작이 갈 겁니다.

이번 선거에서도 겉으로는 대처럼 그럴 듯한 인물들이 정치한다고 나설 것입니다. 시민들이 선출해준 직책을 임기도 못 채우고 다른 자리로 이동하려는 자도 있을 것이고, 속으로는 푹푹 썩어 냄새까지 풍기는 자들도 정치한다고 나설 것이며, 어디 그뿐이겠습니까? 같은 식구를 자신들의 입맛에 안 맞는다고 돌멩이질한 자들도 나설 것이고, 당 대표에게 엉뚱한 누명을 씌워 자신의 이욕을 채우려는 자도 나올 것이며, 그릇이 모자라도 한참 모자란 자들도 덤벙대고 나설 것입니다.

자, 그러니 현명한 시민들이여! 겉모양이 그럴듯하게 포장되어 모든 이들로부터 칭송을 듣는 대[竹]도 보이지 않는 땅속에선 앞에 말한 바와 같으니 이번 선거에서는 속지 마시기 바랍니다.

칠거지악과 삼불거

만약 제 아내가 조선 시대에 태어났었다면 어찌 됐을까 고민을 해봅니다. 이혼 조건인 칠거지악 가운데 그 하나에 해당되기 때문입니다.

칠거지악의 내용을 들어볼까요?

첫째가 시부모를 잘 섬기지 못하는 것입니다.

둘째가 아들을 낳지 못하는 것입니다.

셋째가 간통하는 것입니다. 이는 문제점이 있습니다. 여성 본인이 의도했다면 간통죄가 성립하는데 덤터기를 당하는 강간의 경우에는 어떡하죠?

넷째가 질투하는 것입니다. 그런데 이것도 문제가 많습니다. 아무리 처첩제를 두어 자손을 번식시키기 위한 수단이라 고는 하지만 질투는 여성에게 주어진 본능인데 이걸 막으려 해서 정한 규율이라면 칠거지악이라는 제도 자체에 문제가 있는 게 아닐까요?

다섯 번째가 악질(惡疾)을 가지고 있는 것입니다. 악질 모두를 말하고 있는 게 아니라 유전병을 가지고 있는 것을 말합니다.

여섯째가 구설(口舌) 즉, 수다스러운 것을 말합니다. 당시에는 여자가 말이 많은 걸 천박하다고 해서 이혼의 대상으로 여겼는데 이것도 여성의 본능인 것입니다. 아시죠? 여성 셋이 모이면 '간(姦)'자가 성립된다는 것을. 물론 말 많은 여성은 지적인 매력이 없어 남성들에게 인기가 없다는 걸 아셔야 합니다.

일곱째가 도절(盜竊) 즉, 도둑질하는 것입니다. 물론 좀도둑이지요. 이건 뭐 범죄니까 크게 문제되지는 않을 것입니다. 그러나 제가 여학교에 근무 할 때보니까 이 도둑질도 질병으로 가지고 있는 여학생이 있었습니다. 본인도 모르게 무의식적으로 하는 도둑질, 이건 어쩌죠? 물론 저야 품으로 안아 감싸서 살았을 겁니다. 질병이니까요.

조선시대의 결혼은 사랑이라는 바탕 위에서가 아닌 인위적인 면이 강했습니다. 부모의 의도에 따라 사랑이 뭔지도 모르는 어린 나이에 짝을 이루었으니까요. 위 일곱 가지 조건에 맞으면 여성은 이혼을 당해야 합니다. 거기다가 도둑질과 간통은 남성에게는 적용이 안 되고 여성에게만 이혼사유로 적용되었으니 문제가 있는 것입니다. 그리고 이 칠거지악은 도덕적 문제로 끝나는 것만이 아니라 남성들에겐 법률적 제제가 가해져 엄하게 이혼을 실행에 옮기도록 했던 것입니다.

그러나 우리 조상들은 그렇게 미련하지 않았습니다. 슬기로웠지요. 그래서 억울하게 당하는 여인들의 이혼 사유를 막기 위해 삼불거(三不去)라는 규약을 만들었던 것입니다. 한번 보실까요?

억울한 여성을 보호하기 위한 삼불거.

1. 친정 부모님이 모두 돌아가시어 내쳐진 아내가 갈 곳이 없는 경우

2. 남편과 함께 시부모의 삼년상을 치렀을 경우

3. 가난할 때 시집와서 세월이 지나는 동안 시댁이 부유하게 되었을 때

이처럼 의외로 인도적인 면도 있었지요. 위 삼불거에 해당하는 여성이라면 칠거를 범했다 하더라도 함부로 내칠 수 없었습니다. 국가도 사회유지를 위해 최대한 이혼을 금하는 쪽으로 정책을 유지해나갔던 것이지요.

또한 조선초기의 대명률(大明律)에 근거한 형량을 보면.

1) 이혼(離婚)할 상황이 아닌데 이혼한 남성의 경우에는 장(杖) 80대의 형(刑)에 처(処)한 다음 죄 2등을 감하고 다시 그 여인과 살게 하며

2) 위 칠거지악을 범(犯)했지만 삼불거(三不去)에 해당하여 아내와 이혼한 경우에는 죄 2등을 감하고 다시 그 여인과 살게 하였으며

3) 위 칠거지악을 범(犯)했는데도 이혼하지 않은 남성의 경우에는 장(杖) 80대의 형에 처(処)했던 것입니다.

그러나 아무리 규범이나 법이 엄해도 이혼하고 싶은 사람이 없을 수는 없습니다. 반대로 여성도 남편에게 이혼을 요구할 수 있었습니다. 남편이 의절을 범했을 때, 남편이 집을 떠나 살았는지 죽었는지 모르는 상태가 3년 이상 지속되었을 때 부인 쪽에서 이혼을 요구할 수 있었

지요. 이때 남편의 의절이라 하면 남편이 처가의 어른들을 때리거나, 장모와 간통하거나, 그리고 부인을 때려 뼈가 부러지는 것 이상의 중상을 입혔을 때입니다.

그런데 제 아내 말입니다.

조선시대에 제 아내가 태어났더라면 어찌 되었을까요? 칠거지악 중에 다섯 번째에 해당하는 병에 걸려 고생하고 있는 여인인데 말입니다.

물론 친정 부모님이 생존해 계시고, 시부모님의 삼 년 상을 저와 함께 치르지도 아니했으며, 가난할 때 시집와서 지금도 가난하다 하더라도 저는 결코 제 아내를 내치지 않았을 겁니다. 왜냐고요? 제 아내를 진정으로 사랑하기 때문입니다.

제 아내가 질병을 앓기 전에는 저는 남편으로서 의무감만 가지고 살아 왔습니다. 그러나 제 아내가 질병에 걸리고, 주변 친구들이 짝을 잃고 울부짖는 모습을 보고부터는 제 아내를 위한 눈물을 자주 흘리게 되었습니다. 집안 모든 살림을 맡아 하는 것도 즐거웠고, 아침저녁 약을 챙겨 먹이는 것도 즐거웠으며, 반찬 투정을 부리는 짜증스런 목소리도 행복하게 들렸습니다. 아내가 곁에 있어 외롭지 않기 때문입니다.

제 아내는 가끔 집을 나가 방황할 때가 있습니다. 그럴 때마다 112에 신고하면 경찰이 위치 추적해 저 있는 곳까지 데려다줍니다. 저를 본 제 아내는 반가움과 안도감에 눈물을 흘립니다. 그런 제 아내를 저도 눈물 흘리며 꼭 안아줍니다.

저는 제 아내의 눈동자 속에 늘 자리 잡고 있어야합니다. 그래야 불안해하지 않고 집을 나가지 않습니다. 그래서 강의 하러 가서는 교실 뒷좌석에 앉혀놓고 시선을 마주하며 강의하고, 모임에 갈 때는 언제나 두 손을 꼭 잡고 함께 다닙니다. 아내 맘을 편하게 해주기 위해서입니다.

만약 조선시대 칠거지악 제도가 지금까지 존속된다 하더라도 저는 제 아내를 내치지 않고 아내의 눈동자 속에 자리 잡고 있는 남편으로 살아갈 것입니다. 병든 아내를 사랑하며 산다는 것이 우리 가족 모두의 행복이기 때문입니다.

그래서 자녀들에게 문자를 날렸습니다.

"걱정들 말아라. 엄마는 아버지가 지킨다. 걱정 말고 열심히들 살아라. 장애물이 걸림돌이 되거든 피하려 하지 말고 디딤돌로 만들어가며 살도록 해라."

한국의 이슬람
위기인가 기회인가?

이슬람은 기독교와는 다른 신을 믿고 있고 예수그리스도의 신성을 부인하는 종교이며, 기독교와 달리 행위에 의한 구원을 강조하는 거짓 종교다. 그리고 이슬람은 전 세계로 자신의 종교를 전파하려는 선교 지향적인 종교다. '지피지기백전불태(知彼知己白戰不殆)'라는 말이 있다. 우리가 이슬람에 대해 정확히 알아야만 올바른 대응책도 만들 수 있다. 특별히 한국에 고조되고 있는 '이슬람 포비아(Phobia) 현상'도 어떤 의미에서는 이슬람에 대한 올바르지 않은 시각에서 비롯된 것이다. 이에 필자는 선교학적 입장에서 한국에 몰려오고 있는 이슬람이라는 종교와 그것을 신봉하는 무슬림을 어떤 시각으로 바라보아야 하는지에 대해서 몇 가지 제안을 하려고 한다.

한국에서는 이슬람에 대해 매파니, 비둘기파니 하면서 많은 논쟁이 있다. 한쪽에서는 이슬람에 대한 부정적이고 위협적인 요소만을 부각시켜 위기감을 고조시킨다. 무슬림의 인구가 20만이 아니라 40만 명 이상이며, 조만간 100만을 넘을 것이라고 말한다. 그리고 이슬람 화단계별 8단계 전략보고서나, 코란에서 가르치는 이슬람의 13교리(13 Doctrines of Radical Islam and ISIS from the Qu'ran) 등과 같은 자료를 제시하며 이슬람이 한국 사회에 미칠 위험성만을 부각시킨다.

다른 한편에서는 아직은 그 숫자가 미미하다는 이유로 무관심한 태도를 취한다. 한국에 거주하는 무슬림 인구는 15만 명이지만 국내에 체류하고 있는 외국 국적의 이슬람교도를 정확히 파악하기 어렵고, 법무부 출입국관리소의 통계도 이슬람권 국적을 가진 국내체류자의 단순취합 수치여서 비(非)무슬림까지 포함된 것이라고 말한다. 내국인 무슬림의 인구 역시 기존에 발표된 4만 명이 아니라 수백 명에 불과하며, 5-6년 이내에 무슬림 인구가 100만에 도달할 것이라는 통계는 과학적인 근거가 없다고 주장한다. 한국은 무슬림들에게 단기간 돈을 벌기에는 좋은 나라이지만 언어와 문화적 장벽이 너무나 커서 장기간 정착하기에는 적합하지 않다는 것이다.

통계는 어떤 관점을 가지고 누가 내느냐에 따라서 수치가 다를 수밖에 없다. 이 글에서 필자가 말하고 싶은 것은 국내 무슬림 인구가 몇 명이고 어느 수치가 맞는가 하는 것이 아니라, 우리가 가서 복음을 전해야 할 선교대상자인 무슬림이 이미 한국에 들어와 있고, 또한 그들이 지속적으로 들어오고 있다는 사실이다. 이것이 우리에게 위기인지 아니면 기회가 될 것인지를 논해야 한다. 어떤 이는 무슬림의 인구가 통계청에서 낸 것보다 적을 것이고 오차가 많다고 이야기를 하고 있다.

그런데 그 오차 범위를 찾아내는 것보다 더 중요한 것은 그들이 지금 우리 곁에 와 있고 우리는 그들에게 다가 가야하는데 그러지 못하고 있다는 것이 지금 한국교회가 범하고 있는 가장 큰 오류다.

우리는 가끔 무슬림을 평할 때 급진적인 무슬림이냐, 온건한 무슬림이냐를 가지고 논쟁한다. 또한 신실한 무슬림이냐, 명목상의 무슬림이냐를 가지고 따진다. 그러나 우리는 한국에 들어오는 무슬림이 매우 신실하게 신앙 생활하는 무슬림이든, 명목상으로 무늬만 무슬림이든, 급진적이든, 온건하건 상관없이 모두 우리가 가서 복음을 전해야 하는 선교의 대상이라는 것을 분명히 해야 한다.

1950년대 한국전에 참여했던 무슬림이 국내에 정착하기 시작한 이래로 한국 내 무슬림의 인구는 꾸준히 성장하고 있다. 그런데 우리나라에 들어오는 무슬림들의 국적을 보면 주로 선교사의 비자를 허락하지 않거나 허락하더라도 여러 가지 이유로 사역이 어려운 나라의 국적을 가진 자들이다. 누군가 그들에게 가서 복음을 전해야만 하는데 들어갈 수가 없다. 그런데 거꾸로 그들이 우리 주위에 들어오고 있다. 이제는 그야말로 '온 자들에게 가는' 시대가 되었다. 이제는 비자 걱정 안하고 신변의 위협도 느끼지 않으면서 무슬림에게 가서 복음을 전할 수 있는 시대가 되었다.

그러나 이것이 기회만은 아니다. 왜냐하면 그들이 들어오면서 몸만

오는 것이 아니라 그들의 문화와 종교도 같이 오기 때문이다. 이것이 우리에게 위험한 것이다. 그런데 사실 더 큰 위험은 한국교회가 이 이슬람의 위협에 대처할 수 있는 힘을 상실했다는 것이다. 한국교회는 현재 말씀의 능력을 상실했을 뿐만 아니라 기독교의 신뢰도 하락하였으며, 기독교 지도자들에 대한 신뢰도 땅에 떨어지고, 거기에 교회의 무능으로 인해 거대한 이슬람의 도전에 맞대응할 수 있는 능력을 잃어가고 있는 실정이다.

대전의 경우 카이스트와 충남대 등 여러 대학에 무슬림 유학생이 들어와 있다. 그들이 궁동에 이슬람 센터를 구입하여 매주 금요일이면 수백 명씩 모여 기도를 한다. 그러나 대전 지역에는 이들 무슬림을 대상으로 사역하는 교회가 많지 않다. 이슬람 전문가도 없다. 몇 명의 헌신된 사역자가 있기는 하지만 카이스트와 대전과학연구단지에 연구원이나 유학생 신분으로 들어와 있는 무슬림을 대상으로 한 사역으로는 턱없이 부족하다.

우리는 한국에 무슬림 인구가 얼마나 들어와 있고 얼마나 많이 들어오고 있느냐가 아니라, 우리 중 누구라도 그들에게 다가가야 하는 사람이 있어야 한다는 것에 주목해야 한다. 그들에게 복음을 전하고 그들이 주님 앞에 돌아올 수 있게 할 수만 있다면 한국의 이슬람은 우리에게 위험이 아닌 전도할 수 있는 기회인 것이다.

요한1서 4장 18절에 “사랑 안에 두려움이 없고, 온전한 사랑이 두려움을 내쫓나니”라는 말씀이 있다. 이슬람은 결코 우리의 적수가 될 수 없다. 이슬람은 우리가 두려워할 대상이 아니라 사랑할 대상이다. 이슬람이라는 종교의 거짓성과 죄악은 막아내야 하지만 그 이슬람이라는 종교를 믿고 있는 무슬림은 우리가 사랑으로 다가가야 할 대상인 것이다.

우리 안에 이슬람에 대한 두려움을 몰아내고 위험을 기회로 만들 수 있는 것은 결국 예수 그리스도의 피 묻은 십자가와 부활로 드러난 하나님의 무한한 사랑이다. 사단은 계속해서 우리를 움츠러들게 만들고 머뭇거리거나 망설이게 만들 것이다. 그러나 예수 그리스도의 복음을 전해야 하는 한국교회는 그 위협에 결코 타협하거나 물러서지 말아야 한다. 그것을 오히려 기회로 바꾸어야 한다. 이제는 “한국의 이슬람, 위기인가 기회인가”를 논할 것이 아니라 하나님께서 한국교회에게 허락하신 이 기회를 어떻게 십분(十分) 활용할까를 논해야 한다. 한국교회는 이 기회를 최대한 살려서 국내에 들어와 있는 무슬림에게 복음을 전해야 한다. 무슬림 국가에 태어나 한 번도 복음을 들을 기회가 없는 그들이 이곳에 와서 복음을 들을 수 있다는 것이 그들에게는 축복이요, 한국교회에게는 엄청난 기회인 것이다.

교각살우(矯角殺牛)의 우(愚)를 범해서야

교각살우(矯角殺牛) _ 지나친 가르침은 독이 된다. 쇠뿔을 바로 잡으려다 소를 죽인다는 사자성어다. 의혹을 캐려다가 방법이 지나쳐 일을 그르친다는 뜻도 된다. 다르게 표현한다면 조그만 일을 이루려다 너무 지나치거나 강압적이어서 큰일을 그르친다는 말이기도 하다. 이런 경우들은 사람들이 살고 있는 공동체 안에서는 언제나 일어나고 있는 현실이다.

고사에 의하면 교각살우란 중국에서 종(鐘)을 처음 만들 때 뿔이 곧게 나 있는 소의 피를 종에 바르고 제사를 지내면 종소리가 맑고 청아하여 그 소리가 백 리를 간다는 풍습이 있었다. 어느 날 한 농부가 제사에 사용할 소의 뿔이 조금 삐뚤어져 있는 것을 바로 잡겠다고 팽팽하게 뿔을 동여매다가 그만 뿔이 뿌리째 빠져서 소가 죽었다는 일화가 교각살우인 것이다. 그러니까 뿔을 바로잡는 방법이 너무 지나쳐서 소를 죽게 만들었다는 이야기다.

1월 23일 대전효문화진흥원 장시성 원장은 현재 경찰이 수사하고 있는 '채용 비리 의혹'에 대하여 경찰 수사가 강압적인데다가 부당하다며 조기 종결해 달라고 요구하는 기자회견을 했다. 장 원장은 23일 시청 기자실에서 이처럼 기자회견을 갖고 "개원한지 10개월 밖에 되지 않은 신설조직이 80여일 이상 장기적으로 수사를 받아 업무가 마비되고 대외 이미지가 실추되는 등 좌초될 위기"라며 "조직 안정화를 위해 이른 시일 내 수사 종결 처리해야 한다"고 밝혔다.

이 자리에서 장 원장은 의혹이 제기된 지난해 4급 직원 채용 건과 관련해선 인사규정 등에 의한 채용기준과 절차에 따라 합리적으로 처리했고 서류조작 등 불법적인 요소가 없었다고 강조했다. 또한 장 원장은 "이번 경찰의 수사행태를 보면 참고인 조사 시 '진술 똑바로 하라'며 으름장을 놓기도 하고 강압적이고 오히려 불법적인 요소가 많다"며 "투서인의 의혹 제기만으로 경찰의 권한을 남용하면서 부당한 수사를 하고 있다"고 주장했다.

효문화 진흥원이 지난 해 10월부터 경찰 수사를 받고 있는 이유는 지역 유력사업가의 딸 A 씨를 합격시켜달라는 청탁을 받았다는 혐의를 받고 있기 때문이다. 경찰은 그동안 효문화진흥원 압수수색과 함께 담당자 10명을 소환 조사하는 등 수사를 벌여 왔지만 석 달이 지난 지금까지 아무런 의혹을 발표하지 않고 있는 상태다.

필자가 왜 직원채용에 대한 경찰 수사를 놓고 교각살우라는 사자성어를 인용하며 경찰의 수사방법이나 언론의 보도를 이야기하려고 하겠는가? 속히 수사를 종결하고 언론의 지나친 보도를 자제해달라는 뜻에서이다.

이곳은 우리나라 유일의 효문화 진흥원이다. 「효행장려 및 지원에 관한 법률」에 의거 국가 최초의 효문화 체험 · 교육 및 전문연구기관으로 출범한 1년도 안 되는 기관인 것이다. 개관한지 1년도 채 안 되는데도 어린이들로부터 성인 및 노인들과 외국인에 이르기까지 수많은 사람들이 이곳을 다녀갔다. 그때마다 장 원장을 비롯해 직원들과 이곳에서 봉사하는 봉사자들까지도 서로 웃으며 화기애애한 분위기에서 그들을 맞고 웃으며 근무에 임했다. 그러나 경찰 조사를 받고, 이에 대한 기사나 보도가 언론을 통해서 나가게 되자 그런 분위기는 자취를 감추고 서로가 서로의 눈치를 보며 말을 아끼고 있는 분위기다. 그러니 이곳을 찾는 관람객들도 이런 분위기를 모를 리 없다.

국가와 대전시에서 수백억이나 되는 거액을 투자하여 건립한 효 장려 기관인 이곳이 이번 시간 끌기의 냄새가 짙은 경찰 수사로 인하여 그런 취지가 송두리째 무너지고 있는 실정이다. 또한 시간끌기 식의 냄새를 풍기게 하는 수사는 시민들로 하여금 표적 수사의 의혹을 갖게 할 수도 있다.

그러니 수사기관에서는 어서 수사를 매듭지어 이런 의혹에서 벗어나고, 직원들은 서로 쉬쉬하며 눈치나 보지 말고 장 원장을 중심으로 봉사자들과 힘을 합하여 개관 당시의 모습으로 임해주기를 바란다. 그리고 언론에서는 앞 다투어 하듯 하는 보도를 자제하여 주기 바란다. 지면을 채울 보도거리 기사는 이곳 말고도 우리나라에 얼마든지 있다. 이곳은 청소년들이나 외국인들이 찾아와 효를 체험하고 가는 기관임을 깊이 헤아려 주기 바란다.

내 아내 우선순위가

2018년 5월 14일 (월), 오늘은 병원엘 가는 날이다. 한 달에 한 번씩 병원엘 가서 진찰도 받고 1개월분 약도 처방 받아와야 한다. 우선순위(아내)는 알배기 배추쌈을 좋아해서 우리 식탁에는 늘 알배기 배추쌈이 식탁에 오른다. 시금치 국이나 달래 간장도 좋아하고, 소고기 장조림도 좋아한다.

나는 반찬을 내손으로 직접 만들어 아내에게 먹도록 한다. 딸들은 반찬을 사다 먹으라고 하지만 난 귀찮아도 내손으로 만든다. 물론 사다 먹으면 간편하고 맛도 더 있을지 모른다. 그러나 사오는 반찬에는 아내를 위한 간절한 애정이 들어 있질 않기 때문이다.

시금치를 다듬거나 반찬을 만들 때면 내 우선순위는 내 곁에 와서 '이게 뭐야, 이게 뭐야'를 반복하며 행복해 한다. 난 그때가 참 행복하다. 그런데 오늘 병원 치료를 받고 횡단보도에서 신호등을 기다리고 있는데 내 우선순위가 큰소리로 욕을 해대기 시작하는 것이다. 양쪽 귀 뒤에 맞은 주사 때문에 아파서 그러는 것이다.

내 아내가 이렇게 발작을 할 때면 난 내 아내를 얼마동안 꼭 안아 줘

야 한다. 그러면 마음이 안정되어 조용해지곤 한다. 난 얼른 내 아내를 끌어안았다. 오른 손으론 등을 끌어안고, 왼손으론 머리를 쓰다듬어 주고. 얼마를 그러고 있는데 뒤에서 소리가 들렸다.

"늙은 것들이 길거리에서 이게 무슨 짓이야, 젊은 것들 보는 앞에서."

돌아보니 70 중간쯤 되어 보이는 어르신이었다. 신호등이 바뀌었는데도 일부는 남아서 우리의 이런 광경을 지켜보고 있었다. 난 안정을 찾은 아내를 놓고 그 어르신을 향해 공손히 머리를 숙였다. 그리고 말했다. 제 아내가 치매로 인해 발작을 해서 그리했노라고. 곁에 있던 젊은이들이 이런 우리에게 박수를 쳐 격려해주었다. 그 어르신께서도 미안하다는 말씀 반복하며 사과를 하셨다.

아내가 살아있기에 이런 일도 있는 것. 그래서 행복을 느끼는 순간이었다.

이런 일이 있은 후 난 매일 절망을 뛰어 넘는 연습을 하고 있다.

시장(市場)을 보고 밥을 안치고 시금치를 사다가 된장국을 끓이는 일이며 폐기물을 분류해서 내 놓는 일까지도 즐거운 마음으로 하고 있다. 내 우선 순위가 곁에서 지켜보며 웃어주기도 하고 고마워하고 있기 때문이다. 아니, 곁에서 숨을 쉬며 나를 외롭지 않게 해주기 때문이다. 장보러 갈 때는 나와함께 손잡고 따라나선다. 그것이 고맙고 행복하다. 나는 시를 쓸 줄 모른다. 수입(收入)을 위해 희곡을 썼고 친구들과 어울리기 위해 수필을 썼다. 그게 전부였다. 그런데 요즘은 시를 쓴다. 걱정해주는 친구들에게 쓰는 시다. 잘 다듬어진 문학적인 단어로 쓰는 것이 아닌 절규하면서 시를 쓴다.

긴 하루

먹장구름 낀 하늘.
그 아래서 방황하고 있는 나를
친구여!
안됐다 생각진 말아다오.

오늘의 삶이
내일로 이어진다 해도
그래서 시간이 모든 걸
해결해 준다 해도
'오늘은 오늘인 것을'

친구여 정말 그렇게는
생각지 말아다오.

눈길만 주어도
당황해하던 나를.
미소만 주어도
황송해하던 나를.

친구여!
서글프게 하지 말아다오.

그리고
내일 아침 다시 뜨는 해는
오늘의 해가 아니라고
생각해다오.
생각해 다오.

내 우선순위(아내)의 처지를 아는 친구들은 나에게 동정어린 눈길을 보내며 가끔은 술 한 잔을 마시며 위로를 한다. 내 우선 순위는 밥을 태워도 웃으며 먹어주고, 콩나물국이 맛이 없어도 한 그릇 모두를 비우고 내 손을 잡아준다. 그래서 난 지금 그를 위해 된장국을 끓인다.

된장 한 스푼, 달래, 시금치, 콩나물, 국간장 두 스푼 넣고 끓이면 맛있는 국이 된다. 아침에 끓여 놓으면 점심 저녁까지 해결 된다. 절규하며 절창하는 내 시를 읽은 지인들은 내 이웃이 돼 주고 울타리가 돼 준다. 그래서 더 행복하다.

절규하는 시. 그게 무슨 시냐고 따지지 말아다오. 그렇게 하지 않고서는 내 정서 표현을 달리 할 수 없기 때문이다. 아~아! 밥 짓고 빨래하고 집안 청소하는 것이 이렇게 행복할 수가. 우선순위가 곁에서 숨을 쉬고 있기 때문이다.

입금해라,
엄마랑 외식했다

2017년 2월 5일(일) 비.

입춘(立春) 뒷날이다. 아침부터 하늘이 꾸물거리더니 12시가 지나면서부터 비가 내리기 시작했다. 봄을 기다리는 사람이 어찌 나 뿐이겠는가마는 나는 이 겨울 유난히 봄을 기다리는 사람 가운데 .하나이다.

그러니까 3개월 전 병원문을 나설 때 눈물짓는 나를 보며 내 우선순위는 웃고 있었던 기억이 난다. 집으로 돌아온 나는 침대위에 그를 눕히고 억제할 수 없는 마음을 한 줄 시로 엮었다.

그래 걱정 마
『환상은
현실을 잊게 만든다.
그래서 그랬을 것이다.

우선순위가
늘 건강했으니까.
52년
환상 속에 살았다.

난 늘 행복하다고.

그가
진단을 받던 날
난 그의 얼굴을 보며 웃었다.
'여보, 나, 당신 사랑하는 거 알지?
우선순위는 이유도 모른 채
웃음 띤 얼굴로 고개를 끄덕여 주었다.
그는 모르고 있었다.
3년 경과된 증상이라는 걸.

돌아오는 길.
내 손에 잡힌 그의 손에서
따스한 체온이 느껴졌다.
그래, 걱정 마.
내가 있잖아.』

- 2016년 11월 10일 12시

예배를 마치고 나오는데 비가 내렸다. 한 손으로 우산을 받쳐들고 한 손으론 우선 순위의 어깨를 감쌌다.

집으로 오는 동안 말을 많이 했다. 불안감이 뇌리를 스쳤다. 말을 많이 할 때는 정상이 아니다. 불안했다.

"오늘 외식할까?"
'뭘 먹을까?"
'지금 어디 가는 거야?"

그런데 집에 도착해서는 언제 그랬느냐 싶게 잠만 잔다. 잠만 자는 것도 날 불안하게 하는 것 중 하나다.

다섯 시나 되었을까. 외식 이야기가 또 나온다. 어서 가자고.

"뭘 먹고 싶은데?"

'그저 아무거나"

"올갱이 해장국 먹으러 갈까? 4500원 짜리"

집을 나섰다. 그런데 예전에 함흥 밀면을 잘 먹던 생각이 나서

'우리 냉면 먹자"

의견을 물었다. 좋다고 박수를 쳐댔다. 차를 몰아 도솔 터널을 지나 유성 원신흥동에 소재한 '홍남 밀면'으로 향했다. 값이 저렴하고 입맛에 딱 들어맞았다. 음식이 나오자 우선순위가 돈을 꺼내어 지불하려고 한다. 여기 오면서 음식 값은 나더러 내라고 몇 차례나 다짐까지 받아 놓았는데 말이다.

그래? 순간 기막힌 아이디어가 머리를 스쳤다.

음식 가져온 아가씨에게 사진 한 컷을 부탁했다. 냉면을 앞에 놓고 우리는 환한 얼굴로 엄지손가락을 치켜세웠다. 그리고 보냈다. 아들과 며느리, 세 명의 딸들과 사위에게까지. 그리고 한 마디 덧붙였다.

"엄마 아버지 외식했다. 식대는 12000 원이다. 오늘 중으로 엄마 통

장에 입금 시켜라."

통장도 사진 찍어 함께 보냈다.

1분이 지났을까. 큰딸에게서 제일 먼저 문자가 날아왔다.

"ㅋ ㅋ 맛나게 드세요. 글구 저도 담에 사주시고요"

3분쯤 지났을까. 둘째 딸한테서 문자가 날아왔다.

"오케이, 2만원 입금할 게요"

곧이어 아들에게서 문자가 왔다.

"예, 아버지"

그러나 막내와 사위한테서는 답이 없다. 30분이 지났다. 막내에게 전화를 걸었다.

"막내야, 아버지가 보낸 사진과 문자 못 봤냐?"

"무슨 사진 보냈는데요?"

"임마, 빨리 보고 답 보내"

그러나 1시간이 지나도 막내와 사위들에게서는 답이 없다. 내일로 넘기면 과태료가 붙는다는 걸 이들은 과거 경험으로 봐서 잘 알고 있다.

내가 왜 어찌 보면 구차스런 이런 짓을 하는가? 아내를 위해서라고? 물론 그도 틀린 말은 아니다. 그러나 둘을 생각해 보자. 아버지와 엄마가 서로 보듬어주며 아껴주는 모습을 자녀들이 본다면 얼마나 다행스럽고 행복해 할까? 부모에 대한 근심 걱정은 안 해도 되는 것. 따라서 이런 웃음거리 행동은 자녀들을 위한 행동인 것이다.

모두들 출가하여 이제는 집에 늙은 부모만 남게 되었을 때 이런 모습이 담긴 사진과 함께 문자가 날아온다면 얼마나 다행스럽게 생각하는 마음이 일어날까? 까짓 돈 1,2만원이 문제랴? 늙으신 부모님이 웃고 사시는데.

그래서 나는 이런 글을 읊어 카톡으로 날렸다.

무엇이 두려우랴.
『무엇이 두려우랴.
내 너를 지킨 지
53년.
비바람 몰아치고
태풍도 지나갔다.
가까이서 들리는
천둥도 막아냈다.
두려워 말라.
나목(裸木)이 고목(枯木)이 될 때까지
내가 있다.
당신 곁에 이 버팀목이 있다.』

- 2017년 2월 5일

그리고 마지막에 독촉장을 덧붙였다.

야, 이놈들아 내일은 과태료가 두 배로 붙는다.

어서 입금해라.

이렇게라도 해서 내 우선순위는 내가 지킬 거다.

김용복 칼럼집

3부

비른 정치를 바라며

이해찬 당 대표가 갖추어야 할 이것.

이해찬 더불어 민주당 대표가 만약 대권을 꿈꾸고 있다면 생각해 볼 문제다. 그는 장관도 해봤고 국회의원도 해 봤으며 국무총리까지도 역임한 화려한 경력을 가지고 있다. 거기에 이번엔 집권당 대표까지 하고 있는 것이다. 그래서 그 속내는 알 수 없으나 만약 그가 대권을 꿈꾸고 있다면 그에게 이것만은 꼭 갖추라고 권하고 싶다.

첫째가 국민을 보듬을 줄 아는 사랑이다. 사랑은 마음 속 깊은 곳에서부터 나오는 것이다. 신약성서 고린도 전서 13장에 보면 "사랑은 언제나 오래 참고, 사랑은 언제나 온유하며, 사랑은 시기하지 않으며, 자랑도 교만도 아니하며, 사랑은 무례히 행치 않고, 자기의 유익을 구치 않고, 사랑은 성내지 아니하며, 진리와 함께 기뻐하며, 믿음과 소망과 사랑 중에 그 중에 제일은 사랑이라."고 하였다. 대권을 꿈꾸는 사람이라면 국민을 향한 사랑이 얼마나 깊은가 생각해 봐야 할 것이다.

둘째가 덕망(德望)이다. 덕망은 그 사람의 언행에서 나오는 것. 따라서 덕망은 일을 하되 '무엇을 했느냐가 아니라 어떻게 했느냐'로 그

가치를 평가하게 되는 것인데 동양에서는 유비(劉備)가 그렇고, 서양에서는 로마의 '안토니누스 피우스 황제'를 들 수 있으며, 조선에서는 세종임금과 일제시대 전 재산을 독립운동에 바치고 가난한 삶을 이어갔던 이회영(경주 이씨 백사공파)을 들 수 있다. 고려말 충신인 이색(李穡)은 그의 시 '관물(觀物) (사물의 관찰)'에서 말했다.

位高威自重(위고위자중) : 지위가 높으면 위세 자연 엄해지고
室陋德彌馨(실루덕미형) : 집이 누추할수록 덕망은 더욱 향기로워진다.

이해찬 당대표가 새겨야 할 말이다.

이해찬 대표는 9월10일 당 지도부와 국회 세종의사당 후보지를 방문해 기자들과 일문일답 하는 자리에서, "세종역 설치와 관련해서는 이미 광역교통망 체계에 포함돼 있다."면서, 그동안 충북의 의견도 있던 것이 사실이었지만, 현재 청주오송역은 KTX 경부선, 호남선 그리고 SRT가 운행되고 있어 이미 과포화상태이다."라고 말하며, 세종역 설치에 강한 의지를 드러냈다.

물론 지역구 국회의원으로서 당연히 할 말이다. 그러나 그는 집권당의 당 대표로서 그런 말을 했다는 것에 문제가 있는 것이다. 집권당의 대표요 총리까지 역임한 사람이라면 근시안적 태도를 버려야 할 것이다. 왜냐하면 KTX 세종역 신설은 지역 갈등을 부추기고 경제성도

떨어지기 때문이다. 지역간 상생발전을 유도해야 할 당대표가 그런 근시안적인 발언을 했다는 것은 나라의 장래를 생각할 때 염려되지 않을 수 없다. 오송역을 출발해 불과 5~6분이면 도착할 지점에 수천억을 들여 역사(驛舍)를 세운다는 것은 얼마나 많은 경제적 손실을 가져오게 되는 가를. 공주 시민과 충북도민의 허탈한 심정을 헤아려야 할 것이다. 그리고 그 이후에 벌어질 지역 감정으로 인한 극렬한 싸움도 지도자라면 심사숙고해야 할 일이다.

셋째가 미래를 내다 볼 줄 아는 혜안이 필요하다. 박정희 대통령은 5천년 동안 세계에서 제일 가난 했던 우리나라를 세계 경제 10대 대국으로 올려놓은 대통령이다. 1970년대 경부고속도로를 건설할 때 그당시 야당 지도자로 국민의 추앙을 받던 김대중, 김영삼 대통령은 경부고속도로 건설을 못하게 건설현장에 드러 누어 바닥에 뒹굴며 방해했던 인물들이다. 김대중, 김영삼은 석유가 한 방울도 안 나오는 국가에서 무슨 고속도로냐고, 그래서 우리나라는 농업국가로 성장해야 된다고 적극 반대를 하였고, 당시 대학생이던 필자를 비롯해 많은 국민들도 이 두 지도자들의 뜻을 따라 길거리로 나섰던 것이다.

매사마골(買死馬骨)의 비유를 인용한 곽외의 지혜를 몰랐던 것이다. 죽은 천리마의 뼈를 비싼 값으로 사들인다는 소문을 들었을 때 살아있는 천리마를 구할 수 있는 것이다.

박정희 대통령이 독재를 했다고? 그래서 그의 공과가 묻혔다고? 그럼 물어보자. 잘 살 수 있다는 목표가 확실하고 목적지가 눈앞에 보이는데 건설 현장에 드러눕는 자들 때문에 고속도로 건설을 포기해야 되겠는가? 그런 대통령의 기념관이 서울 마포에 있는 기념관 말고는 우리나라 어디에도 없는 것이다. 그러나 보라. 박정희 대통령의 위대한 기념관은 그를 사랑하는 국민들 마음 속 깊은 곳에 내재돼 있어 자손만대에 구전으로 이어지고, 뜻있는 사관(史官)에 의해 기록으로 남겨질 것이다.

보자. 이 말로 결말을 맺자. 대권을 거머쥘 욕망이 있다면 깊이 새겨둬야 할 것이다.

「성조심조자 일사불성(性燥心粗者 一事不成)
심화기평자 백복자집(心和氣平者 百福自集)」
성격이 조급하고 마음이 거칠은 자 한 가지 일도 이룰 수 없고
마음이 화하고 기가 평온한 자 백 가지 복이 저절로 모인다

문대통령이 귀담아 들어야할 이 말

成立之難如登天(성립지난여등천)
(일을 이루는 것은 하늘을 오르는 것처럼 어렵고)
失墜之易如燎毛(실추지이여료모)
(일을 망치는 것은 터럭 태우는 것처럼 쉽다

조선후기 학자 이우가 쓴 면암집 병인일기에 나오는 말이다. 필자가 토를 달지 않아도 누구나 쉽게 이해되는 말이다. 그런데 언론보도에 의하면 내년에 문재인 정부는 소득주도성장의 방어를 위해 162조원을 더 푼다고 하였다. 쉽게 말해 나라의 곳간(庫間)을 열어 뿌리는 것을 계속하겠다는 것이다. 계속하되 공격 들어오는 것을 방어까지 해가면서 하겠다는 것이다.

한번 짚고 넘어가자.

'소득 주도 성장'이란 불특정 다수거나 청년들과 65세 이상 어르신들, 또는 출산 가정에까지 소득을 늘려준다는 말이다. 그렇게 소득을 늘려주면 정부로부터 돈을 받은 자들은 소비를 하게 되고, 소비가 늘어나면 시장이 활발히 돌아가게 되며, 백화점마다 사람들로 북적거리게 될 것이니 그런 소득이 주도가 되는 정책을 계속 한다는 말 아닌가? 언뜻 듣기엔 너무나 좋은 정책이다. 그런데 말이다. '방어(防禦)'라는 어휘를 다시 짚어보자. 방어 한다는 말은 '상대방의 공격을 맞서서 막는다'는 뜻 아닌가? 다시 말해 야당이나 박정희 전 대통령이 추진했던 '경제성장정책'으로부터의 도전을 막겠다는 뜻이 아니겠는가?

누구 머릿속에서 나온 정책인지 참으로 기발한 아이디어인 것이다. 그래서 소득 성장을 위해 162조 국고를 풀어서 청년들이나, 노인들, 출산한 가정에 이런 저런 명분을 걸어 돈을 퍼주겠다는 것인데, 그렇다면 그 돈을 어떻게 마련 할 것인가?

대답해보라.

문재인 정부가 박근혜 정부를 밀어내고 정권을 거머쥐었을 때 국고(國庫)에 돈이(빚 포함) 얼마나 있었으며, 현재 국고에 남아 있는 돈은 얼마인가? 그리고 집권하고 지금까지 얼마를 어떤 목적으로 풀었는데, 그 빈 국고를 어떤 방법으로 어떻게 채워 다음 정권으로 넘길 것인가?

5천 년 가난을 해결한 박정희 전 대통령은 배고픔을 해결하기 위해 국민들과 밤잠 안자고 일했다. 명절 때 고향에 내려가 집에서 놀고 있는 친구만 데려와도 일자리를 주고 보너스까지 주었던 기억이 지금도 새롭다. 잘 살아보겠다는 신념아래 지도자도 백성들도 똘똘 뭉쳐 경제 성장을 이뤘던 것이다.

경제 정책이란, 말 그대로 개인의 일상적인 경제활동인 의식주 및 이와 관련된 상품이나 용역을 생산하고 교환하며 그 과정에서 발생한 소득을 분배받아 소비하는 과정을 말하는 정책인 것이다. 따라서 국민들은 이러한 경제활동을 함으로써 자신의 행복지수를 높이고 생활환경을 개선하며, 미래에 발생할지도 모르는 각종 불안이나 위험으로부터 스스로를 보호하기 위해 각종 보험이나 국민 연금에 가입하고 저축을 하는 것이다.

그리고 정부에서는 국민들의 경제활동을 원활히 하게하기 위해 바람직한 정책목표를 세워 국민이 안정된 생활을 하게 도와야 할 것이다. 그런데 소득주도 성장 정책을 하게 되면 국민들은 아무런 노력 없이도 정부에서 주는 돈만 기다리게 될 것이며, 신나게 놀면서 돈을 쓰기만 하면 될 것이다.

문재인 정부가 내년에 펼치는 소득 주도 성장 정책이 바로 놀아도 소득을 줄 테니 그 주는 돈으로 소비를 활발히 하라는 말 아닌가? 문재인 정부의 정책 입안자들은 세계 유일의 코미디언들 같다. 왜냐 하면 이런 정책은 세 살짜리 어린애들도 웃을 일이기 때문이다. 그리고 이렇게 짜여진 예산을 가지고 국회로 넘겨 통과 시켜 달라고 주문 한다고? 박근혜 전 대통령을 탄핵시키기에 앞장섰거나 동참했던 좀생이들 말고는 누가 통과시키는데 손을 들겠는가?

두 눈 부릅뜨고 지켜볼 것이다.

통계청장이 무슨 잘못 했다고?

권력이란 나노미리도 없는 자리, 통계청장 자리. 찬밥 신세보다 더 찬밥 신세 자리. 2005년에야 비로소 1급에서 차관급으로 승격된 누구도 욕심내지 않는 자리. 그래서 전문가 대신 퇴임을 앞둔 관료들이 대물림하다 2009년에야 처음으로 민간 출신 전문가가 앉게 된 자리. 그런 자리인데도 이번에 토사구팽(兎死狗烹)된 자리로 전락하고 말았다.

황수경 전 통계청장이 그런 신세가 되고 만 것이다. 예고도 없었다. 이유는 알지만 말은 못한다. 통치권자의 갑질 행패 때문이다. 부려먹던 종도 내보낼 땐 섭섭함이 없이 해야 하고 왜 그만두게 했는지 공감을 얻어내야 한다. 그러질 안했기에 황수경 전 통계청장도 자신이 경질된 사유를 모른다고 하며 "청와대의 말을 잘 들었던 편은 아니었다."고 여운을 남겼다. 자신의 경질에 대해 의문을 표한 것이다. 통계청 직원의 경질은 임기 이전에는 말단 9급 공무원까지도 갑자기 갈아치워서는 안 된다는 걸 경제를 배우고 나라를 염려하는 사람들이라면 삼척동자도 아는 일이다. 그래서 문제가 있는 것이다.

보자, 통계조작으로 거덜 난 그리스의 선례를.

그리스의 재앙은 통계조작으로 시작됐다. 그리스는 유럽연합(EU)에 가입하려고 재정적자를 숨기는 통계조작을 감행했다. 공무원들을 동원한 것은 물론 여러 산업분야에서도 통계를 조작했던 것이다. 그 결과는 십여 년이 훨씬 지났는데도 회복되지 않고 있는 것이다. 조작된 통계를 자국민도 믿지 않는데 다른 나라 국민들이 믿을 리는 더더구나 없는 일. 그래서 그리스는 양치기 소년의 신세가 되고 만 것이다.

중국도 시진핑 정부가 들어서기 전에는 만연한 통계조작으로 국가 신뢰도가 떨어졌던 나라다. 그것을 회복하기 위해 시진핑 주석은 피나는 노력을 하고 있는 것이다. 중국의 마젠탕(馬建堂) 전 통계국장은 업무회의에서 "통계자료 조작은 정부공신력을 크게 떨어뜨리고 정책 입안과 집행을 잘못된 방향으로 유도한다."고 밝히며 통계조작이야말로 나라 멸망의 지름길이 된다고 하였다.

황수경 전 통계청장의 이임식 장면이 TV에 비쳤다. 갑작스레 교체된 황수경 전 통계청장의 눈물 흘리는 모습이 화면에 비쳤다. 그는 이임식 내내 눈물을 흘렸다. 연약한 여성이기에 흘리는 눈물이 아니라 통계청의 독립성, 전문성을 인정하지 않는 권력자의 갑질 행패에 대한 통한의 눈물이리라. 그는 말했다. "통계가 정치적 도구가 되지 않도록 심혈을 기울였다"고. 야당국회의원이 "고용이 앞으로 더 나빠질 것으로 보느냐?" 물으니까 "내가 점쟁이냐?" 받아쳤던 그다. 그렇게 당당했던 그가 권력자의 갑질 앞에서는 말 한 마디 못했다.

그러나 아무리 패악한 통수권자라 하더라도 이것만은 확실히 알아야 할 것이다.

첫째, 통계는 그 사회의 거울인 것이다. 거울이 깨끗하고 맑아야 자기 얼굴에 있는 미세먼지까지도 발견해 제거 할 수 있는 것이다. 그런데 얼굴에 있는 점이 보인다고 거울 탓만 해서 깨어버리고 만다면 영구히 자신의 얼굴을 볼 수 없게 되는 우를 범하고 말 것이다.

둘째, 통계를 이용하는 사람들이 정치인들이나 청와대 관료들뿐이라고 생각해서는 안 되는 것이다. 통계는 그 사회의 기틀을 다지는 초석이기에 정치인이나 청와대 관료는 물론 재계나 외국까지도 그 통계를 바탕으로 우리나라를 평가하게 되는 것이며, 더 나아가 우리나라를 지켜나갈 후손들까지도 참고자료로 삼아 나라 기틀을 다지는데 활용하는 것이다.

셋째, 통계청장을 갈아치우고 새로운 청장을 그 자리에 앉혀 놓고 '내가 지시하지 않을 테니 네가 알아서 처리하라'고 한다면 내 입맛에 맞게 알아서 하라는 묵계적 지시 아니겠는가?

그래서 말이다. 정권 입맛에 맞는 마사지 통계는 앞으로 요구하지도 말아야 하며, 당사자의 아부(阿附)성 통계 작성도 하지 말아야 할 것이다. 따라서 이번에 통계청장 자리에 앉게 된 강신욱 신임 통계청장도 그 자리의 막중함을 알고 마사지해서 보고하는 통계처리는 하지 말기를 강력히 요구하는 바이다. 마사지 통계야말로 너도 죽고, 나도 죽으며, 나라까지도 망쳐버리는 결과를 가져오기 때문이다.

대통령의 가벼운 입 때문에

문대통령의 두뇌로는 이 난국을 헤어날 수가 없다. 왜냐하면 집권하고 1년 뒤면 그 통치능력과 그 향방을 알게 되는데 지난 1년 3개월여 그것을 보면 알 수가 있다. 그래서 필자가 결론부터 말하고 논지를 전개하며 논거를 대겠다.

국정운영은 실험해서도 안 되고 실험 대상이 되어서도 안 되며 가벼운 입놀림으로는 더더구나 안 되는 것이다. 그런데 문대통령은 말부터 해놓고 정책을 실현하고 있다. 탈원전 정책이 그렇고, 4대강 보(洑)를 개방해 어렵사리 모아둔 물부터 없앤 것이 그 예다. 어디 그뿐인가? 군에 관한 문제거나 휴전선 방어벽이나 철책 철거에 관한 문제도 그렇다.

예로부터 「政治와 軍事는 실험해서는 안 된다」고 최고의 금기(忌) 사항으로 알려져 왔다. 세상에서 실험이 안 되는 것, 실험해서도 안 되고, 실험해 볼 수도 없는 것이 이 두 가지이다.

생각해보라. 탈원전 하겠다고 문대통령의 가벼운 입놀림으로 인해 그 피해가 얼마였으며, 적폐청산을 한답시고 4대강 보를 개방해 이번

40일 이상 가뭄 피해로 농부들의 피해는 그 얼마였는가를? 그 정화(淨化)되지 않고 쏟아내는 문대통령의 말들 때문에 국민들이 당하는 고충을 알기나 하는가?

얼마나 속이 터지고 답답하면 필자 같은 초동급부가 대통령을 상대로 논쟁을 벌이겠는가? 개인이 사업 실패하면 그 피해는 개인에게 돌아가고, 기업의 경우에는 그 피해가 기업에게 돌아간다 하지만 그런 경우에도 국민들은 간접 피해를 입게 되는 것이다. 그러나 정치의 경우, 그 피해는 대통령 개인에게 돌아가는 것이 아니고, 개인은 물론 기업이나, 그 기업과 계약을 맺은 외국의 기업에도 돌아가는 것이다.

그래서 말이다. 대통령의 가벼운 입이 얼마나 경제를 후퇴시키고 국민들에게도 고통을 안겨주는지 대통령은 깊이 헤아려주었으면 한다. 따라서 국정운영에 제일 힘든 일은 대통령 자신의 입 단속하기임을 알아야 할 것이다.

목계지덕(木鷄之德)이란 고사에서 얻는 교훈처럼 외부 자극에 민감하게 반응하지 않으며, 자신의 감정을 완전히 통제할 줄 아는 그런 대통령이 국민들에게 신뢰를 얻을 수 있는 대통령이란 걸 알았으면 한다.

대통령은 일반 지방 방백이나 국회의원들과는 다르다. 지방 방백이나 국회의원들은 해당지역의 주민들 입맛에 맞으면 선출 되지만 대통령이라는 자리는 전 국민의 입맛에 맞아야 피선 되는 것이다.

또한 대통령은 '국민'을 위한 정치를 해야 하고 정책을 펴야 한다. '사람'을 위한 정치는 어느 나라 대통령이나 황제(皇帝)도 할 수는 없는 것이다. 그것은 신(神)에게만 부여된 일이기 때문이다. 왜냐하면 '국민'이란 한 나라의 통치권 아래에 있는 사람. 또는 그 나라의 국적을 가진 일정한 권리와 의무를 지닌 사람을 뜻하는 말이고, '사람'이란 두 발로 서서 다니고 언어와 도구를 사용하며, 문화를 향유하고 생각과 웃음을 가진 지구상 모든 인간들을 말하기 때문이다. '국민'에게는 나라를 위한 4대의무가 주어지지만 '사람'에게는 그런 의무가 주어지지는 않는 것이다. 국민이라면 다른 나라 어디를 가서 있든 우리나라에서 보호하고 지켜줄 의무가 있지만 '사람'이라면 그렇게 할 의무가 없는 것이다. 만약에 있다하더라도 그것은 도덕적 의무일 뿐이고, '국민'이라면 강제성이 있는 것이다.

그래서 외국에 여행 갔다가 조난을 당한 국민들을 위해 자국 비행기를 급파하고 조난 구조대를 파견하는 게 아닌가? 따라서 대통령의 입에서는 "사람을 위한 정치를 하겠다"는 말을 가볍게 해서는 안 될 것이다. 그것은 대통령이 신(神)이 아닐 뿐더러 외국 사람들까지 지켜줄 여력도 우리나라에는 없기 때문이다. 보자, 사람을 위한 정치를 하겠다면 어떤 논리가 성립되는가를.

우리나라에는 수많은 이슬람 사람들이 무슨 이유든 핑계를 대고 들어와 있다. 그리고 그들 가운데는 자살폭탄 테러를 일삼는 이들도 있다는 것을 그동안 뉴스를 통해서 얼마든지 보아왔다. 이들은 우리 국민이 아니다. 그러나 사람을 위한 정치를 하겠다면 이들까지도 보호해야 한다는 논리가 성립되는 것이다. 우리 청년들도 일자리를 못 찾아 길거리에서 방황하고, 도산하는 기업들이 부지기순데 사람을 위한 정치를 하겠다고? 웃기지 말라.

또한 북한에게 이런 저런 핑계로 달러를 퍼주는 짓거리도 하지 말라. 그 달러가 우리 남한에 재앙이 되기 때문이다. 지난 수십 년간 당해보지 않았던가?

대통령의 가벼운 입 때문에 할 말은 많다. 다음에 또 하자.

노마(老馬)의 지혜를 구한 양승조 충남지사

노마지지(老馬之智)라는 고사가 있다. 늙은 말은 경험이 많아 지혜롭다는 말이다. 여기서 말하는 노마는 원로(元老)를 뜻하는 말임을 삼척동자도 안다. 원로에는 연세 많으신 분을 일컬을 수도 있고, 그 분야에 경험이 많은 분도 원로라 일컬을 수 있다.

양승조 충남지사는 지난 6.13선거에서 충남지사로 당선된 도백이다. 그는 좌파진영에서 국회의원 네 차례를 경험했으나 행정경험은 이번이 처음이다. 그런 그가 좌파진영에서 노마를 찾지 않고 보수진영의 대표 급 노마인 최민호 전 총리 비서실장을 찾은 것이다. 왜 그랬을까? 현명했기 때문이다. 그는 애초부터 네 편 내 편, 편 가르기에 관심조차 없던 인물이라고 한다. 그리고 최 전 총리 비서실장은 젊은 층에 속하면서도 행정부지사와 행정안전부 인사실장, 소청심사위원장, 행정중심복합도시건설청장 등을 지냈으며 현재는 홍익대 초빙교수로 활동하고 있는 행정 경험이 풍부한 인물이다. 그래서 나이는 젊지만 행정경험으로 봐서 노마 대우를 받는 어른인 것이다.

언론보도에 의하면 "충남도정의 전설적인 공직자 중 한 명으로 꼽히는 최민호 전 국무총리실 비서실장이 '계룡세계군문화엑스포조직위원회(조직위) 고문'을 맡아 그 배경에 관심이 쏠리고 있다."고 하였다. 최 전 비서실장은 도 정책관리관으로 있던 1996년, 당시 심대평 지사에게 군문화엑스포 개최의 필요성을 설명하여 크게 호응을 얻고 그가 제안한대로 실천하여 성공을 거두었다고 했다.

이왕 최민호 전 실장에 대한 말이 나왔으니 노마지지(老馬之智)에 대한 말 좀 해보자. 춘추시대 제(齊)나라 환공(桓公)때의 일이다. 환공은 재상 관중과 대부 습붕을 데리고 고죽국(하북성)을 정벌하러 나섰다. 전쟁이 의외로 길어지는 바람에 그해 겨울에야 끝이 났다. 그래서 혹한 속에 지름길을 찾아 귀국하다가 길을 잃고 말았다. 전군(全軍)이 진퇴양난에 빠져 떨고 있을 때 재상 관중이 말했다.

"이런 때는 늙은 말의 지혜(老馬之智)가 필요하다"

즉시 늙은 말 한 마리를 풀어 놓았다.

그리고, 전군이 그 뒤를 따라 행군한 지 얼마 안 되어 큰 길이 나타났다. 물론 제나라 군대는 무사히 귀환했다.

한비자는 그의 저서 '한비자'에서 이렇게 기록하고 있다. "관중의 총명으로 모르는 것을 늙은 말을 스승으로 삼아 배웠다. 그러나, 그것을 수치로 여기지 않았다"

양승조 지사는 그의 취임사에서 두렵고 떨리는 마음으로 도민 여러분께서 맡겨주신 소임을 엄숙히 받들어 나갈 것을 다짐한다고 하였다. 그리고 2018년이면 1인당 GNP가 3만 달러를 넘어설 것으로 예상되고 있다고 하였다. 그러면서 그는 높고 화려한 경제성장의 이면에는 대한민국의 위기가 함께하고 있는데 그것은 저출산, 고령화 그리고 사회양극화의 위기라고 지적하였다. 그렇게 지적하면서 그는 위기를 위기로 보지 못하면 감당할 수 없는 피해에 직면하게 된다고 하였다.

그리고 그는 절박한 마음으로 이 위기를 극복할 선도적 모델을 우리 충남에서 시작하겠다고 하였다. 기대가 크다.

들리는 바에 의하면 그는 충남 천원군 목천면이 고향으로 어려서부터 어른들을 공경할 줄 아는 효자로 소문나 있는 인물인데다가 가정에서 부모 섬김은 물론 밖에서 어르신들을 만나면 큰절을 올려 예를 갖추는 인물이라 소문나 있다. 예로부터 효자는 잘못된 길을 걷지 않는다고 전해오고 있는데 양 도지사는 최 전 실장 같은 원로를 모셔와 그의 말을 귀담아 들으려 하고 있으니 그의 앞으로 4년이 기대가 되는 것이다.

솔로몬 왕의 아들 르호보암은 원로의 말을 듣지 않고 젊은 대신들의 말을 들었다가 나라가 남북으로 갈라지는 비운을 맞았다. 이왕 최 전 총리 비서실장을 모셔 왔으니 '계룡세계군문화엑스포조직위원회(조직위) 고문'뿐만 아니라 난제에 부딪칠 때마다 그의 지혜를 빌리라고 권하고 싶다. 양지사는 젊어서 패기가 있고, 최 전 실장은 많은 경험에 의한 지혜가 있기 때문이다.

대통령의 통치(統治) 능력

대통령이라는 자리, 대체로 1년 정도 지나고 보면 대통령의 통치 능력을 알게 된다. 통치란 무엇인가? 통치란 원수나 지배자가 주권을 행사하여 국토나 국민을 도맡아 다스리는 것을 말한다. 도맡아 다스리기 때문에 통치라는 말은 정치보다 상위 개념인 것이다. 정치는 법을 기준으로 하여 다스려야 하지만 통치는 법의 잣대로 잴 수가 없어 맘대로 할 수가 있는 것이다. 그렇다고 천방지축 국익을 생각하지 않고 자기 맘대로 하게 되면 독재자라는 오명을 얻게 되고 최후가 비참하게 되는 것이다. 그리고 국민들에게 '좋은 대통령'이라는 칭호 보다는 '현명한 대통령'이라는 소리를 들어야 더 영광스러운 것이다.

지난 1년간 문대통령의 업적(?)을 보면 국고로 퍼주기식 정책을 썼고, 명절 때 고속도로 통행료 면제, 더위로 인한 전력이 수요가 증가되자 누진세 일시적 폐지를 시행하였다. 그러나 문대통령이 시행한 이런 것들은 좋은 대통령이란 소리를 들을 수 있겠는지는 몰라도 현명한 대통령이라는 소리는 못 들을 것이다. 왜냐하면 이런 생각이나 정책들은 우리같이 갑남을녀들도 생각해 낼 수 있는 아이디어이기 때문이다. 국고를 채우는 일, 대기업을 살려서 중소기업을 활발히 돌아가게 하고 그로인해 일거리들이 늘어나 젊은 세대들이 직업을 갖는데 어려움을 겪지 않게 하는 것이야 말로 현명한 대통령이 해야 하는 일이다. 더 보자.

기온이 39도를 넘나들자 전기 공급에 불안을 느낀 나머지 없애겠다고 떠들어 대던 원전을 슬그머니 재가동 했다니. 차제에 원전폐기정책을 포기하는 것이 어떠하며, 가뭄으로 어려움을 겪고있는 농민들의 고통을 들어주기 위해서도 사대강 보 외에도 다른 강을 막아 보 건설을 더욱 증가시킬 것을 강력히 제안하는 바이다. 특히 북미회담이 실행되지 않는 상황에서 대북제재를 완화시키는 어떤 조치도 해서는 안되고. 그런 의미에서 북한산 석탄을 남모르게 슬그머니 수입하게 된 이유도 명명백백히 밝히기를 바란다. 또 있다. 명절 때 고속도로 통행료를 징수 않는 행위보다 징수한 통행료로 다른 건설사업에 활용하는 것이 통치자로서 해야 할 현명한 방법이 아니겠는가? 입을 다물고 있다고 해서 국민들의 알권리는 어떻게 해결하려 하는가? 세월이 아무리 지나도 임금님 귀는 당나귀 귀라고 인터넷에, 유트브에 떠돌게 되는 것이다.

한 가지 더 당부하자. 군대문제도 북핵 폐기 전에는 군의 약화를 시킬 필요가 뭐 있겠는가? 군을 약화시키는 것은 철부지 김정은에게 5천만 국민의 생명을 갖다 바치는 꼴이 되고 말 것이다. 누구 좋으라고 병력을 줄이려는가?

한 마디 더하자. 인사가 만사인데 운동권 출신이나 시민연대 출신들을 집중적으로 채용하는 것은 인사의 탕평책을 위해서도 어서 속히 개선해야 될 것이다. 그렇게도 문재인 정부에서는 운동권이나 시민연대 사람밖에 없다는 말인가?

보라 가까이 우리나라 역사를.

조선 성종때 틀이 잡힌 문물제도와 경제 질서는 연산군에 이르러 흥청망청 연회 베풀어 국고를 탕진하게 되자 중종 때 이르러 국고를 채우기 위해 특산물에까지도 세금을 붙이게 되자 말썽이 일기 시작하고 급기야는 명종 때 이르러 임꺽정 난리를 겪게 되지 않았던가?

탕진한 국고를 채우기 위해 각종 세금을 올리고 있다지만 차차기(次次基)로 이어받을 대통령들에게는 무거운 짐이 되지 않을 수 없는 노릇이다.

한비자 제25편 안위 편(韓非子 第25篇 安危)을 보자.

'국가를 안전하게 하려면 일을 처리함에 일정한 법도가 있어야 하고 마음대로 일을 처리하지 말아야 하며, 믿음성이 있고 속임수가 없어야 한다'고 하였다. 삶을 즐겁게 해주기 위해서 퍼주면 된다고? 그럼 보자, 퍼주기에 남보다 앞장섰던 석유매장량 세계1위국인 베네수엘라가 어찌 되었나를. 이미 유튜브에 떠도는 이야기들이다.

석유 산유국 베네수엘라의 국민들은 1990년대 이전까지 매우 풍요롭게 살고 있었다. 1999년 베네수엘라의 대통령 '우고 차베즈'는 퍼주기식 포퓰리즘 정책을 써서 99% 지지율이라는 베네수엘라 역사상 가장 많은 지지를 받은 대통령이 되었다. 이런 지지율을 얻게 되자 그는 미국과의 단교까지 언급하며 미국에 대해서 공격적인 모습을 보였고 베네수엘라 국민들은 그의 반미행보를 용감하고 멋있다고 평가했다. 그리고 〈기본소득제〉라는 무상복지정책을 시행하기 위해서는 재벌기업이 더욱 더 협조해야 한다고 주장하며 재벌기업들을 옥죄이기 시작하였다. 이른바 퍼주기식 복지정책을 쓴 것이다.

베네스엘라 차베스의 포퓰리즘은 강 건너 불이 아니다. 역사를 왜 배우고, 세계사를 왜 배우는가? 경험이 쌓이면 소신이 생기고 그 소신은 자신의 신념으로 변하여 힘이 되는 것이다. 이익금을 재투자하여 산업을 번창시키려는 확대 재생산이 없고, 성장이 없는 분배위주 경제정책은 혹독한 대가를 지불하게 되는 것이다.

경제 또한 시장경제 자율에 맡겨야 한다.

그런데도 국가가 관여하여 강제성으로 제시하는 것은 오히려 '경제민주화'에 어긋나는 것이다. 일용직을 정규직으로 전환하고, 최저임금의 시급기준 현재 7,530원~ 내년기준 8,350원이라는 상한선을 비롯하여 자영업 영업시간 단축이나 노동시간 주 52일 근무제 등 이러한 일련의 관주도형 정부조치는 내수경제 침체로 이어지는 결과를 초래할 가능성이 농후하다. 상인들의 한숨 소리가 들리지 않는가?

로마는 하루아침에 이루어지지 않는다는 말을 대통령을 비롯해 집권 여당 의원들은 알고 있을 것이다. 따라서 탁월한 영성도 하루아침에 이루어지지 않는다. 이스라엘의 영원한 지도자 모세도 이디오피아 대궐에서 쫓겨나 40여 년 간이라는 세월을 연단 받은 사실을 잊어서는 안 될 것이다.

대통령이 현명한 대통령 소리를 들으려면 눈[目]을 더 높이 더 멀리 바라봐야 할 것이다. 그래서 세계 경제가 어떻게 돌아가고, 외교는 어느 나라와 손잡고 어떻게 하는 것이 국익을 살리고 국민들의 마음을 편하게 해주는 것이며, 적으로부터 호시탐탐 침략의 기회를 안 주려면 어떻게 국방력을 길러야하는지 고심해야 할 것이다. 우리 국민들은 6.13 지방 선거를 앞 둔 며칠 전 문대통령이 밤에 몰래 휴전선을 넘어가고 김정은과 두 손 맞잡고 휴전선을 넘나들 때 곧 통일이 되고 북한의 핵이 폐기 되는 줄 알았다. 그러나 6.25를 겪은 어르신들은 그런 짓거리들이 꼼수라는 걸 익히 알고 속지 않았던 것이다.

자, 어떤 통치자가 될 것인가? 앞으로 남은 3년 여, 시간은 자꾸 흘러가고 우리를 기다려주지는 않는다. 즐거움보다는 희망을 주는 통치자가 되기를 바란다.

협력하여 선을 이루라

『우리가 알거니와 하나님을 사랑하는 자 곧 그 뜻대로 부르심을 입은 자들에게는 모든 것이 합력하여 선을 이루느니라. (로마서 8:28)』

성경은 "하나님을 사랑하는 자들에게는 합력하여 선을 이룬다"고 하였다. 그러나 필자는 중구의회 의원 12명(민주당 7명, 한국당 5명)에게 협력하여 선을 이루라고 강하게 권고하는 바이다.

왜 그렇게 해야만 할까? 지금 중구관내 거리를 가보면 안다. "의정활동 안 할 거면 우리 세금 돌려 달라!"는 프래카드가 여기저기 걸려있는 것을 볼 수 있다. 물어보자. 의정활동 안 할 거라면 왜 지방 선거에 출마는 했으며 구민(區民)들에게 열심히 하겠다는 이러저러한 공약은 왜 했는가?

지난 7월 25일자 금강일보기사(최일 기자)에 의하면,

「대전 중구의회 정상화 촉구 시민행동 결성, 여야 의원 전원 의정비 반납 요구」 라는 제하(題下)에 "의정활동을 하지 않을 거면 소중한 우리의 세금을 돌려 달라!"는 기사를 게재하였다.

또 다른 어느 언론 기사에는 원 구성을 안 하고 파행을 겪고 있는 이

유를 중구의회 파행은 〈지난 6일 의장선거 과정에서 더불어민주당 서명석 의원이 의장으로 선출되면서부터 시작됐다. 중구의원은 총 12명 중 더불어민주당 소속이 7명, 자유한국당 소속이 5명인데 원내 다수당인 더불어민주당 소속 의원들은 3선인 육상래(가선거구) 의원을 의장후보로 합의 추대키로 했다. 그런데 재선의 서명석(라선거구) 의원이 자유 한국당 의원들의 지원을 받아 의장에 선출됐기 때문에 더불어민주당 소속 의원들은 서 의장이 자유한국당 의원들과 자리를 놓고 거래를 한 것이라며 단독 입후보 한 자유한국당 김연수 의원의 부의장 선출을 막기 위해 더불어민주당 의원 6명이 참석하지 않아 정족수 미달로 산회됐다는 것이다. 이에 따라 중구의회는 서 의장 선출 이후 아무런 원구성도 하지 못한 채 허송세월만 보내고 있다.〉고 보도했다.

참으로 한심한 친구들이다. 지금이 어느 때인데 아직도 구태를 버리지 못하고 있는가? 눈만 뜨면 적폐 청산이라는 명목으로 압수수색이요, 구속 영장 청구라는 말이 귀에 따갑도록 들리는 판인데 누가 의장이 됐으면 어떻고 부의장이 되면 어떻다는 말인가? 시민들이 휘두르는 적폐청산의 칼 맛을 보아야 정신들 차리겠는가?

결론부터 내고 논거를 대겠다. 우선 의원직을 모두 내놓아야 한다. 그것이 아깝다면 박찬근 의원(민주당 소속)이 앞장섰으니 이번에 받은 월정 수당과 의정 활동비 3백 5만원씩을 반납하여 불행한 이웃을 돕도록 해야 할 것이다. 구민들이 낸 혈세기 때문이다.

이날 시민단체인 대전 여민회를 포함해 · 11개 단체와 중구민 3명으로 구성된 '중구의회 정상화 촉구 시민행동'은 "언제까지 주민의 목소리를 외면할 것인가! 주민의 명령이다, 즉각 의회를 정상화하라" 고 목소리를 높였다는 것이다.

부끄럽지 않은가? 대전에는 서구를 비롯해 5개 구가 있는데 다른 구에서는 원 구성을 이미 마치고 구청장과 손발을 맞춰 구민을 위해 의정 활동에 들어갔다고 한다. 그런데 끼리끼리 편 갈라 감투싸움 양상을 보이는 것은 무슨 해괴망측 한 짓거리들인가? 더구나 당신들이 속해있는 중구야말로 지난 6.13지방선거에서 목동의 81.3% 득표율을 비롯해 전 구역에서 65% 이상의 고른 지지를 얻은 박용갑 청장이 몸으로 뛰고 있는 곳이 아닌가?

30일 임시회의를 개최한다하니 의회 사무실에 대형 거울을 걸어 놓고 거울 속에 나타나는 자신의 모습을 보며 자문 자답해보기 바란다. "아무개야, 뭐하려고 구의원에 출마 했지? 구민들은 우리 구의원들을 우러러보기나 할까" 물론 선뜻 답이 나오지 않을 것이다. 그런 말 하는 자신이 부끄럽기 때문이다.

그래서 부끄러운 답을 필자가 대신 해주겠다.

"착각하지 마라, 구민들은 누가 중구의회 의원인지도 모른다."

살다보니 이런 일도

산수를 살다보니 이런 일도 일어났다.

2018년 7월 10일 오후 5시. 문자 메시지가 날아왔다. 이번 6.13선거에서 재신임 받은 장종태 서구청장이 보낸 메시지였다. 10포인트 글자 크기로 A4용지 한 장에 꽉 찬 내용이있다. 물론 필자에게만 보낸 내용은 아니었겠지만 고마운 마음이 들었다. 읽고 나니 더 자랑스럽고, 더 든든한 마음이 일었다. 나라 안이 온통 청색분위기로 시끌벅적거리고 불안해도 이곳 대전 서구만은 편안하고 안정된 생활을 할 수 있으리라는 자신감이 생겼다. 서구에 산다는 것이 이렇게 자랑스러울 수가 없었다. 한번 보자. 자긍심을 갖게 한 그 문자 메시지.

사랑하는 여러분 안녕하십니까?

대전 서구청장 장종태입니다. 민선 7기 업무를 시작한 지 십여 일이 지났습니다. 정신없이 바쁘게 지내다 보니 이제야 소식 전합니다.

먼저, 죄송하다는 말씀부터 드립니다. 지난 2014년 취임식을 생략하고 업무에 착수했기 때문에 이번에는 꼭 여러분을 모시고 감사와 취임 인사 전하려 했습니다. 하지만 태풍과 집중호우로 취임식을 취소

하고 피해 현장으로 달려갔습니다. 구민 안전이 최우선이었기 때문입니다.

축하의 마음을 직접 나누지 못해 서운했던 분들 계시죠? 그래도 넓은 마음으로 이해해 주시고 격려해 주시면 감사하겠습니다.

취임 후 동별 간담회 등을 통해 서구민들을 만났고, 앞으로도 그러한 자리를 지속 마련할 계획입니다. 여러분들의 말씀을 경청하고 정책에 반영토록 하겠습니다. 약속드린 대로 민선 7기는 '사람중심 서구'라는 큰 틀에서 '더 행복한 서구'를 만드는 데 행정력을 모을 것입니다.

존경하는 구민여러분!

어제는 '2018 대한민국 반부패 청렴대상'을 받았습니다. 모두 여러분 덕분입니다. 약속드립니다. 초심으로 돌아가 더 열심히 뛰겠습니다. 문재인 정부에 힘이 되는 지방정부를 만들겠습니다. 지방분권 시대! '구민이 주인인 서구'를 만들겠습니다. '행복한 서구를 위한 든든한 구청장'이 되겠습니다. 여러분들과 손잡고 그렇게 하겠습니다.

여름휴가 시즌이 다가옵니다. 안전한 휴가 보내시고 좋은 추억 만드십시오.

여러분~ 건강하고 행복하십시오. 감사합니다.

— 2018년 여름 장종태 서구 청장 올림 -

그는 서구청장으로 당선된 뒤 다섯 가지 약속을 구민들에게 내놓고 구체적 실행 방법도 제시하였다.

첫째, 녹색 복지도시를 조성하겠습니다.

둘째, 사람이 돌아오는 원도심을 만들겠습니다.

셋째, 지역 경제의 뿌리를 튼튼히 하겠습니다.

넷째, 아이 키우기 좋은 도시를 만들겠습니다.

다섯째, 사람에 투자하는 교육 1번지 서구를 만들겠습니다.

그는 위 약속을 실천하기 위해 목표를 설정하고 이행 방법과 이행 기간, 그리고 재원 조달방법까지를 아주 구체적으로 세워 놓았던 것이다. 그래서 공염불(空念佛)이 아닐 것이라는 믿음이 갔다.

어찌 자랑스럽지 않으랴!

서구에 살면서 박용갑 중구청장이 늘 중구민들과 어울려 함께하는 모습을 보며 부러워했는데 이제 우리 서구에도 이런 목민관의 새로운 다짐을 구민들에게 보내왔으니 서구민으로서의 긍지를 갖게 되는 것이다.

이제 우리 서구민들도 청장과 함께하며 그가 내세운 공약(公約)이 공약(空約)이 되지 않도록 힘을 합쳐야 될 것이다. 사진에 보이는 것처럼 양심을 버리는 행위는 하지 말 것이며, 서구민의 행복한 삶을 위해서라면 청장이 앞장서고, 관계공무원들은 솔선수범하며, 구민들은 너도 나도 힘을 보태야 할 것이다.

희망이 보인다. 그는 바람에 의해 당선된 자가 아니다. 이미 지난 4년 동안 행정관으로서의 능력이 검증되었다. 권력의 그늘 밑을 찾아다니는 그도 아니다. 서구민과 함께 시 낭송도 하고, '울고 넘는 박달재'도 부르는 그였다. 막걸리도, 'ㅇ2린 소주'도 구민들과 함께하는 그의 소탈한 모습을 지난 4년간 보아왔고, 구린내 풍기는 돈 찾아다니는 하이에나 같은 목민관은 더더구나 아닌 황희 정승 같은 목민관의 모습을 보인 그였다. 그를 내조하는 부인을 보라. 전형적인 한국여인의 촌부(村婦) 모습. 그 모습이 부군의 청렴결백을 여과없이 대변해주고 있는 것이다. 갑(甲)의 횡포가 어디 있고 '갑을(甲乙)' 관계가 어디 있겠는가?

노파심에서 한 마디 안 할 수 없다. 달리는 말에 채찍을 가하기 위해서다. '대간사충(大姦似忠)'이란 말 잊지 말고, 논공행상(論功行賞) 인사(人事)에 깊은 고심이 있기를 바란다. 크게 간사한 사람은 충신처럼 보이는 것이기 때문이다.

자, 가자. 우리 서구민들이여! 저 언덕을 넘어서!

대전 · 세종 두 교육감께 기대가 크다

설동호 대전교육감, 최교진 세종 교육감께 기대가 크다.

지난 6월 13일, 내로라하는 경쟁자들을 제치고 당선된 데 대하여 우선 축하의 말을 드린다. 왜 대전, 세종 시민들이 이 두 분들을 택하였겠나? 물론 이 두 분들이 내세운 교육정책에 대한 공약 때문이라고도 할 수 있겠으나 필자는 이 두 분 교육감들의 가슴 속 깊은 곳에 내재돼 있는 따뜻한 마음씨라고 답하고 싶다.

아무리 교육감의 자질이 학식과 덕망 높고, 교육에 대한 신념 또한 그 지역의 상징적 지위에 있어야 할 인물이라야 한다고 하지만 가슴속 깊은 곳에서 우러나오는 따뜻한 사랑이 없다면 진정한 교육자라고 볼 수 없기 때문이다.

이번 선거에 내세운 두 분 교육정책을 볼 때 초점이 학생들 교육에 맞춰진 게 사실이다. 그러나 그보다 우선시 돼야 하는 것이 있다면 양분된 교육계를 하나로 통합하는 것이 교육수장으로서의 큰 임무일 것이다. 선생님들이 네 편 내 편 갈라서서 주장하는 교육관이 다르고, 역사관이 다르다면 성장 과정에 있는 청소년들이 누구의 이론에 따라야 할 것인가? 우선 2010년 2월 26일 개정된 「지방교육자치에 관한 법률」부터 보자.

"교육감 후보의 자격은 당해 시·도지사의 피선거권이 있는 사람으로서 후보자 등록신청 개시일부터 과거 1년 동안 비정치인이어야 하며, 교육경력 또는 교육행정경력이 3년 이상 있거나 양 경력을 합한 경력이 3년 이상 있는 사람이어야 한다."고 명시돼 있다. 거기에다가 교육감은 어느 정당이든 소속될 수 없다고 되어있다. 무슨 말인가? 이념이나 정치편향의 색깔을 나타내지 말고 오로지 교육에만 정성을 쏟으라는 말이다.

최소한 청소년들의 미래를 담당한 교육 수장이라면 좌우 이념 대립 없이 다가오는 미래에 대비해 교육정책을 수립해야 한다고 생각한다. 그래야 교육 수장들을 믿고 따라오며 청소년의 미래가 밝게 다가오기 때문이다.

4차 산업시대인 현대사회는 융합형 인재를 추구하는 시대인 것이다. 그래서 수요와 공급이 잘 이루어지도록 인재를 길러내야 할뿐더러 기업에서 어떤 인재를 원하며, 우리 교육은 기업에서 원하는 인재를 길러내고 있는가? 교육을 통해 배출된 신입사원이 현장에 투입되었을 때, 생산력을 갖고 있는지 생각해가며 교육의 틀을 짜야 할 것이다. 미래를 위한 통로를 만들지 못하는 교육은 죽은 교육이다. 따라서 기업에서 원하는 인재를 맞춤형으로 키워야 하는 것이다.

미래학자 엘빈토플러는 시속 10마일의 학교가 100마일로 달리는 기업에 취업하려는 학생들을 준비시킬 수 있겠냐고 반문했다. 이 같은 지적은 최근 4차 산업혁명 시대를 맞아 미래 세대를 살아갈 아이들을 위해 교육이 어떻게 변화해야 하는지에 대한 방향을 제시한 것이라 할 수 있겠다. 그렇다면 미래 변화에 유연하게 대처하고, 새로운 것을 만들어 내는 창의적인 인재를 기르기 위한 교육은 어떻게 변해야 할까?

세기의 바둑 대결 알파고에서 보았듯이 로봇이 저급 및 중급 기술자들의 업무를 대체하고, 언어와 이미지로 구성된 빅데이터 분석 등 인간만이 가능하다고 여겼던 업무들도 인공지능이 대체할 것으로 예상되면서, 빈곤이나 노동시장 붕괴 등이 코앞에 현실로 다가왔다. 그리고 직장에서는 '고기술 · 고임금'과 '낮은 기술 · 낮은 임금'간의 격차가 커져 사회적 갈등이 더 커질 것이다. 그 최고급 두뇌를 개발한 나라가 바로 미국이요 구글이라는 회사인데 우리나라 일부세력들은 그런 미국을 내쫓으려 하고 있는 것이다. 그들과 손을 잡고 미래를 설계해도 모자랄 판인데 말이다.

과학자들 말에 의하면 향후 5년간 세계고용의 65%를 차지하는 선진국 및 신흥시장 15개국에서 일자리 710만개가 사라지고, 4차 산업혁명으로 210만 개의 일자리가 창출되어 결국에는 500만 개의 일자리가 감소할 것으로 전망했다. 그리고 가장 큰 타격을 받을 직업은 사무직이나 관리직이라 했다. 학생들이 자라서 취업하려고 했을 때 이런 준비를 하지 않고 길거리에 나가 촛불 드는 짓거리만 했다면 어찌 미래를 보장할 수 있겠는가?

그러나 앞서 내세운 공약이나 모든 교육이 인성을 바탕으로 이루어져야 한다고 본다. 왜 필자가 많은 교육수장들 가운데 두 분을 택하여 화제로 삼고 있는지 알 것이다. 한 분은 중도의 성향을 택한 분이고, 다른 한 분은 진보의 성향을 나타내고 있는 분이다. 그런데도 이 두 분 교육감들은 심성이 따뜻하기 때문이다. 그 따뜻한 심성을 교육 정책에 반영한다면 미래의 교육은 금상첨화가 될 것이다.

왜냐하면 학생들이 사회생활을 하면서 여러 사람들과 어울려야하고 함께 해 나가야하는 여러 프로젝트들이 많은데 그런 활동들에서 인성이 좋지 않아 사람들과 어울리지 못하거나 그 사이에서 문제가 발생한다면 아무리 실무 능력이 좋아도 공동체 생활에서 많은 불편함을 겪을 것이기 때문이다.

그래서 두 분 교육감들의 가슴 속 깊이 내재돼 있는 따뜻한 심성을 교육정책에 반영하기를 바라는 것이다. 보자, 4년 뒤에 다가올 미래를.

대전 중구민들이 선택한 박용갑 중구청장

연합뉴스((대전=연합뉴스 한종구 기자)에 의하면 6 · 13 지방선거를 통해 3선에 성공한 박용갑 대전 중구청장이 민선 7기 취임 첫날 활동을 폐기물 수거활동으로 대신하기로 했다고 보도했다. 박용갑 중구청장은 7월 2일 오전 간부 공무원들과 보훈 공원을 참배한 뒤 직원조회를 통해 민선 7기 공약사항 실천을 당부할 예정이라는 것이다. 연합뉴스는 이어서 민선 7기 첫 공식행사로 문화동과 산성동 일대에서 환경미화원들과 함께 대형 폐기물 수거에 나설 계획이라고 보도했다.

이처럼 대형 쓰레기를 처리하며 주민 생활과 직결된 생활민원 현장을 살핀다는 의지다. 여기에 취임식에 드는 행정력과 행사비용 낭비를 막는 것은 물론 생업에 바쁜 구민들에게 불편을 주지 않겠다는 게 박용갑 중구청장의 의지라는 것이다.

또한 박용갑 중구청장은 예산절감을 위해 재활용품 수거 업무를 위탁(委託)에서 직영(直營)으로 바꾼 뒤 현장점검을 실시하고 있는데 이는 불과 몇 년 전만 하더라도 중구는 당해 연도에 반드시 납부해야 할 청소대행 사업비 및 공무원연금부담금 등 법적 · 의무적 필수경비조차 전액 반영하지 못하고 다음 해에 편성할 수밖에 없는 재정위기를 겪는데 대한 대응책 가운데 일부라는 것이다.

이러한 상황에서 중구는 박용갑 청장 이하 전 직원이 한마음 한뜻이 돼 재정건전화를 위한 강력한 자구노력으로 60여 명의 공무원 결원을 유지하면서 고통을 분담해왔으며, 시간외근무수당, 맞춤형 복지 포인트 등 직원들의 복리후생 경비도 시(市)나 타 구(區)와 비교해 최대 연 300여 만 원을 적게 지급받는 등 직원 스스로 재정위기 극복을 위한 예산절감에 적극 동참했다고 한다. 그래서 지난해 땅 한 평 팔지 않고 미상환 지방채 122억 원을 모두 갚아 빚 없는 중구를 만들어 놓았던 것이다.

특히 지난 6.13선거에선 이발사를 앞세워 이발 비를 내지 않고 공짜 이발을 했다고 기자 회견까지 했으나 그는 이발사를 고발하지 않고 있다. 그도 자기가 보살펴야 할 관내 주민이기 때문이다. 중구민들이 이 사실을 모를 리 없다. 그래서 65% 이상의 지지율로 그를 선택했던 것이다.

그가 민선 5기 때는 45%의 지지율을 보이던 것이, 6기 때는 51%, 지난 6월 13일에 실시한 민선 7기의 결과는 어떠했나? 5기 때 보다는 20.5%가 높고, 6기 때보다는 14%나 높은 65.1%라는 지지율을 얻었던 것이다. 어느 선거 건 두번 째 선거에서는 지지율이 하락하는 게 보통이다. 그러나 중구민들이 그에게 보이는 태도는 그게 아니었다. 선거사상 초유의 힘을 박 청장에게 실어줬던 것이다.

그는 정치권 높은 분들에게 공식 검증을 받은 인물인지는 모르겠으나 중구민들에 의해 행정가로서의 능력이 검증 된 셈이다. 거기에 목동주민들로부터 70.44%의 대대적인 지지율을 얻은 것을 비롯해 지역구 대부분에서 60%이상의 고른 지지율을 얻은 것으로 볼 때 과연 중구민들의 마음이 어디에 있었는지 짐작이 가고도 남을 것이다.

박용갑 청장, 지난 8년 동안 그의 눈에는 구민들 밖에 보이지 않았다. 구민들이 있는 곳에 박 청장이 있고, 박 청장 하는 일에 구민들이 십시일반(十匙一飯) 힘을 합쳐 도왔다. 힘을 합치면서도 어느 누구도 불평하는 이가 없이 자랑스러워했다.

얼마나 어깨가 무거우랴! 이렇게 많은 지지를 고르게 받고 있으니. 그러나 두려워 말라. 기(期)를 거듭할수록 높은 지지율을 보낸 중구민들이 뒤에 있질 않는가? 그런 중구민들이 힘을 합친다면 무슨 일이든 못하겠는가?

달리는 말에 채찍 좀 가해야겠다.

앞으로 4년 동안 지금까지 실천해온 것처럼 국유사유(國有四維)를 우선시하고 예의염치(禮義廉恥)를 아는 목민관이 돼 달라는 것이다.

'국유사유'란 무슨 말인가? 나라가 쓰러지지 않고 버티려면, 네 가지 밧줄을 가지고 있어야 하는데, 네 가지 밧줄 즉, 첫째가 예절이고, 둘째가 도의이고, 셋째가 청렴이고, 넷째가 수치이다.(〈관자 목민〉) 이 가운데 하나가 끊어지면 나라가 기울고, 두 개가 끊어지면 위태로우며, 세 개가 끊어지면 뒤집어지고, 네 개가 다 끊어지면 나라가 망하게 되는 것이다.

예의염치(禮義廉恥)는 체면을 차릴 줄 알며 부끄러움을 아는 마음이 염치인 것이다. 그런데 이것이 나라의 기강을 세우는데 가장 중요한 구실을 한다고 포숙의 친구인 管仲(관중)이 주장했다.

지금까지 박용갑 청장은 이 국유사유와 예의염치를 행정의 기반으로 삼고 일해 왔기에 선거를 거듭할수록 높은 지지를 받았던 것이다. 더구나 중구는 대한민국의 효(孝)뿌리가 있는 곳. 중구에서 시작한 효의 근원이 대전은 물론 우리나라 전역과 세계로 웅비하고 있질 않는가? 그래서 대전 효지도사협회에서도 3선 당선의 축하 패를 드렸던 것이다.

진선진미(盡善盡美)하라. 4년 뒤에 중구민들의 더 큰 환호성이 들릴 것이다.

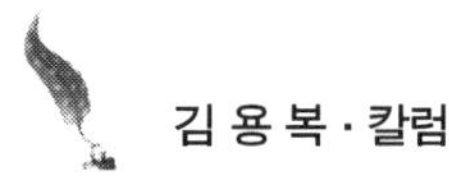

파라척결(爬羅剔抉)할 겨를이 없었던 6.13지방 선거

이번 6.13지방 선거는 파라척결(爬羅剔抉)할 겨를이 없이 문재인 대통령 얼굴과 후보자 얼굴을 플래카드에 인쇄해 내건 후보라면 모조리 싹쓸이로 당선된 선거였다. 이는 문대통령이 그만큼 우러러 볼 수 있는 위내한 인물이기 때문만은 아니라고 필자는 믿는다. 민주당을 견제할 야당에 실망을 느낀데다가 한국당이나 바른정당에서는 국민들에게 희망을 주는 메시지가 없었기 때문이고, 박근혜 대통령의 등을 밀어 교도소에 보낸 자들이 몸담고 있는 정당이기 때문이리라. 생각해 보라. 아직은 재판 도중에 있어 결론을 내리기에는 어려운 일이나 박근혜 대통령이 청와대에서 쫓겨나 교도소로 가야 할 뚜렷한 죄명이 무엇인가 아리송하지 않은가?

보자 이 말 파라척결(爬羅剔抉).

당송팔대가의 한 사람 중 한유(韓愈)의 진학해(進學解)에 나오는 말이다. 애초에는 '숨은 인재(人材)를 널리 찾아내어 등용한다.'는 의미로 사용되었으나, 요즘에는 '남이 숨기고 있는 비밀이나 결점을 파헤치다.', 또는 '손톱으로 긁거나 후벼 모조리 파내다.'를 뜻하는 말로 사용되기도 한다.

어려운 한자로 이루어진 이 '파라척결(爬羅剔抉)'이라는 성어는 '적폐청산'이라는 어휘보다 뜻도 섬뜩하다. 손톱으로 '긁는다'는 爬(파)라는 글자를 보자. 손톱으로 긁어서 후벼 파헤친다니 얼마나 섬뜩한가? 그동안 이런 저런 죄명을 뒤집어쓰고 쫓겨난 장군이나 장관, 그리고 그 이외 인물들의 사례를 보면 이 성어가 얼마나 섬뜩한지 짐작이 갈 것이다.

뼈를 발라 도려낸다는 뜻의 척결(剔抉)은 범죄를 소탕하거나 선거때 정당의 지도자들이 이 때까지의 잘못을 빌고 지지를 호소할 때 단골로 쓰는 말이고 이번 6.13 선거에서도 일부 정당에서도 상대편 후보를 헐뜯기 위해 예서제서 사용하기도 했다. 그러나 언론은 물론 대중(大衆)의 입에 오르내리던 후보 세 사람은 모두 승리하여 샴페인을 터뜨려 자축했고 당선사례 현수막도 내걸었다.

생각해보자.

박근혜 대통령의 탄핵을 주도한 정치인들이나, 앞장 서 주도하지는 않았다 하더라도 동조했거나 방조한 정치인들은 2년 뒤에 있을 총선에서 어떤 대가를 받게 될지. 이때는 역(逆)으로 국민들이 앞장 서 후보자들을 파라척결(爬羅剔抉)하게 될지 누가 알랴.

정치인이나 행정의 수장들은 언행에 특히 조심해야 되고, 황금과 여색에 깨끗해야 한다. 왜냐하면 이들의 행동거지는 곧 국격(國格)을 나타내기 때문이다.

이번에 당선된 목민관들은 권해주는 이 말을 아로 새겨 몸조심함은 물론 인재등용에도 참고하기 바란다. 특히, 이번 선거에 당선되는 공을 세운 인물이라 하더라도 그릇이 모자라는 사람을 중용할 수 는 없는 일. 재능 있는 인재를 찾아내어 일을 맡기도록 당부하는 바이다.

占小善者率以錄(점소선자솔이록) 조그만 선행이라도 이름이 기록되고, 名一藝者無不庸(명일예자무불용) 한 가지 재주 있는 사람이라도 등용한다. 爬羅剔抉 刮垢磨光(파라척결 괄구마광) 손톱으로 긁어내고 그물로 다잡듯 인재를 구하고 더러운 곳을 벗겨 광을 내듯 다듬는다.

앞으로 4년 인기나 자리에 연연하지 말고 소신껏 일하는 목민관이 되길 바란다. 그들의 주군(主君)은 중앙당 국회의원이나 대통령이 아니라 국민들임을 명심, 또 명심하길 당부하는 바이다.

대전의 새 출발을 기대한다.

6월14일. 하늘은 맑았다.

하늘은 맑은데 땅은 온통 초록이 아닌 푸른색으로 뒤덮이면서 새날이 밝았다. 눈을 떠보니 전국의 지방 선거 결과가 온통 푸른색으로 물들었다. 거기에 붉은 점 두 개를 찍어 짝퉁으로 기울어진 조화를 이루게 했다. 하나님께서는 이 푸른색 바탕에 왜 붉은 색 점 두 개를 찍어 어떤 그림을 그리려 했는지 궁금하다. 그러나 필자가 보기엔 이번 싸움은 이념 싸움이 아니라 문재인 이름 대 보수꼴통들의 구태에 얽매인 정치 대결로 끝난 것이다. 정책 대결이 아닌 정치대결인 것이다.

이날 허태정 대전시장 당선자를 비롯해 대전의 6인방은 흰 와이셔츠에 곤색 바지를 입고 국립 대전 현충원을 찾아 오른손 주먹을 치켜세웠다. 대전 시민을 위한다고 파이팅을 외쳐댄 것이다. 그러나 박용갑중구청장 당선자와 장종태 서구청장 당선자 두 사람 말고는 모두가 초년병들이다. 물론 허태정 시장은 유성 구청장 경험이 있다고는 하나 시장으로서의 경험은 전무(全無)한 상태다. 따라서 이들은 내세울 경험 없이 문재인 대통령 사진을 전면에 내세워 당선된 사람들이다. 이른바 호가호위(狐假虎威)에 의해 당선된 자들이다. 누가 이 초년병들을 견제하거나 길잡이를 해주겠는가? 견제할 야당이 있어야 하는데 야당 스스로가 자멸의 길로 갔기 때문이다. 누구를 원망하랴?

필자는 오랜 세월 여러 언론에 보수정치인을 지지하는 칼럼을 써 왔다. 그들이 새누리당 유니폼을 입고 있으면 새누리당을 지지하는 칼럼을 썼고, 한국당 옷을 입고 있으면 한국당을 지지하는 칼럼을 썼다.

지금부터 4년 전 새누리당 대전시당 책임자는 박용갑, 한현택 선수의 옷을 벗겨 민주당 옷으로 갈아입게 만들었다. 공천을 해주지 않았기 때문이다. 박용갑 청장은 누구인가?

그는 중구청장 재임 8년 동안 몸으로 뛰며 중구민들과 함께 했다. 언제나 중구민들이 있는 곳에 박용갑 청장이 있고, 박용갑 청장 있는 곳에 중구민들이 함께해 힘을 실어 줬다. 서구에 사는 필자도 보기가 좋았다. 그래서 이런 목민관을 본받게 하기 위해 내가 주필로 글을 쓰는 언론마다 띄워 다른 목민관들에게 귀감이 되게 한 바 있다.

보라, 이들 구민과 박용갑 청장과의 사이는 보이지 않는 끈끈한 신뢰로 이어진 사실을. 그래서 이번 6.13지방 선거에서 지방 선거 유사 이래 65.1%라는 사상 최고의 표를 박청장에게 밀어 준게 아니었나? 그는 본래 정치인 출신이 아니라는 걸 대전 시민이라면 누구나 알고 있다. 그래서 그는 잔머리 굴리지 않는 깨끗한 일꾼이었기에 가능했던 것이다. 그는 재임 8년 동안 축록자 불견산(逐鹿者不見山)을 확실히 이행한 목민관이었던 것이다. 사슴을 쫓는 자가 어찌 산을 볼 수 있겠는가? 다시 말해 박청장의 눈에는 중구민 외에 다른 권력도 명예도 보지도 않고, 보려고 하지도 않았던 것이다.

이번에 초년병으로 무거운 자리에 앉게 된 허태정 시장을 비롯해 정용래 유성 구청장, 황인호 동구청장, 박정현 대덕구청장은 박용갑 중구청장과, 장종태 서구청장을 본으로 삼아 목민관의 실천덕목인 수령칠사(守令七事)실천을 이행해 주기 바란다. 노자의 도덕경에 보면 "천하난사, 필작어이; 천하대사, 필작어세"(天下難事, 必作於易; 天下大事, 必作於細)라 하였다. 무슨 말인가?

세상의 어려운 일은 반드시 쉬운 것에서 시작되고, 천하의 큰 일은 반드시 미세한 것에서 비롯된다는 말이다. 작은 것을 조심하고 미세한 것도 얕보지 말라는 말이다.

따라서 지역민들의 애환을 귀담아 듣기 바란다. 그들 두 목민관은 지역민들로부터 여하한 비난도 받지 않은 훌륭한 행정가들이다. 자신의 이욕에 따라 처신도 할 줄 모르며 약한 자 등을 쳐 뒷주머니를 불린 목민관은 더더구나 아니고 그럴 사람도 아니다.

염홍철 전 대전시장은 선배로서 후배 시장에게 지남차(指南車) 역할을 하기 위해 시장으로서의 해야 할 일을 권해주고 있다. 요약해보자.(대전일보 6월 13일자)

새 대전시장에게 바란다

1. 공약은 실행해야 한다. 그러나 공약을 지키지 못하는 것보다 검

증되지 않은 공약을 무리하게 추진하는 것이 더 큰 실책이다. 잘못된 공약을 실행하기 위해 시간과 인력의 낭비는 물론이고, 막대한 '매몰비용'이 발생한 것을 그동안 많이 보아왔다.

2. 낙선자들의 '좋은' 공약도 취합해서, 먼저 전문가 그룹의 꼼꼼한 검증을 받고, 담당 공무원들로부터 실현가능성과 예산 등의 검토를 거치면서 잘못된 공약은 과감히 버리라.

3. 다음 재선을 준비하지 말고, 10년 또는 20년 후 대전 발전을 위한 비전을 준비하라. 시민의 품격, 관용성, 사회적 자본 등은 경제 발전의 기본 요소다. 이것은 눈에 보이지 않기 때문에 소홀하기 쉽다. 그러나 가시적 성과나 보여주기식 정책의 이면에 낭비적이고 저품격의 속성이 항상 도사리고 있다는 점을 직시해야 한다.

4. '살기 좋은 도시'의 일반적인 특징은 인구가 늘어나는 것이다. 도시의 양적팽창과 '살기 좋은 도시'는 상관관계가 약하다. 이제는 질과 디테일이 중요해졌다. 아이들이 가고 싶은 곳, 쉽게 각종 생활체육시설에 접근하고, 공연 · 전시 등 예술을 즐길 수 있는 곳, 안심하고 영유아를 맡길 수 있는 곳이 충분해야 한다. 그리고 거주 인구와 유동 인구를 늘리기 위해서는 세종시와 상생발전을 위해 체계적이고 구체적인 계획을 공동으로 추진해야 한다.

5. 대전에는 아시아 1위 혁신대학인 KAIST를 비롯한 19개의 대학이 있다는 점은 엄청난 자산이다. 대학 하나가 작은 도시를 이루는 사례가 많이 있다. 이 자산을 살리고 활용해야 한다. 지역 대학으로부터 혁신경제와 기술 등을 이전 받고, 대학으로부터 발생하는 생산성을 높이

기 위해 적극적인 지원과 특단의 협력 체계가 필요하다.

6. 시장은 시민의 대표가 아니다. 시청에는 3,500여 명의 공무원들이 근무하고 있는데, 시장은 시민의 봉사자인 공무원들의 '리더'다. 시장은 공무원들이 전문성과 시민을 위한 봉사 정신을 잘 발휘할 수 있도록 '착한 리더십'을 가져야 한다.

7. 공무원들 보다 너무 빨리 가지 말고 반(半)걸음 정도만 앞서 가라. 시장은 공무원을 외부로부터 보호하고, 가족처럼 사랑하며, 동시에 권한과 책임을 함께 부여하여 능력을 최대한 발휘할 수 있도록 해야 한다. 무엇보다 공무원 개개인에게 공정해야 한다. 특히 시청 내외에 이른바 '비선실세'가 있어서는 절대 안 된다.

8. 시장이 해야 할 가장 중요한 일은 시민들이 '우리 대전'에 대해 '자부심'을 갖도록 해야 한다. 대전은 정신적, 학문적, 종교적으로 뿌리 깊은 도시이다. 이미 조선의 정치와 사상을 주도했던 이른바 '호서사림'의 중심지가 바로 대전이고, 그 당시 전국적으로 대표적인 학자인 박팽년, 송준길, 송시열 등이 대전 사람들이다. 현재는 기술의 허브이며 세계적인 과학도시로써, 대덕의 원천기술을 통한 우리나라 경제를 선도하고 있으며, 세종시와 더불어 사실상 행정수도의 역할을 하고 있다. 각종 교육기관 등을 통해 시민들이 대전에 대한 자부심을 가질 수 있도록 지속적인 노력이 필요하다.

- 염홍철 (제4, 8, 10대 대전광역시장)

허태정 대전시장 당선자에게 보낸 메시지이지만 구청장 당선자들에게도 귀감이 되리라 본다. 이 경험을 거울삼아 살기 좋은 대전을 만들기 바란다.

좀비만도 못한 보수 정치인들

애증(愛憎) 때문이다. 보수정치인들을 향해 비판의 필(筆)을 휘두르는 것이. 애정(愛情)이 없으면 애증(愛憎)을 느낄 수 없는 것. 필자는 보수 정치인들을 애정으로 대했었다. 그런데 6.13지방 선거를 치르면서 그것이 애증으로 변한 것이다. 필자가 보수정치인들을 어찌 보는가?

좀비만도 못한 보수 가면을 쓴 정치인들이라고 보고 있는 것이다. 지금 자유한국당엔 좀비만도 못한 정치인들이 우굴거리고 있다. 왜 좀비만도 못하다 하는가? 좀비는 살아있는 시체다. 살아있되 산소결핍으로 뇌의 전두엽에 손상을 입어 넋이 나간 채 자발적인 생각을 하지 못하고 마치 살아있는 시체처럼 농장주가 시키는 일만하며 평생을 노예로 사는 것이 좀비다. 그런데 한국당의 좀비만도 못한 자들은 주인의 말도 듣지 않는다. 그래서 좀비만도 못한 자들이라 하는 것이다.

물론 2번을 단 붉은 유니폼을 입고 트랙을 달린 정치인들 모두를 말하려 하는 게 아니다. 그를 선수로 뽑아 출발선에 세운 중앙당 정치인이나, 출발선에 서서 트랙을 달렸던 일부 선수들을 말하려는 것이다.

보수를 사랑하는 세력들은 정당은 물론 사회 지도층, 경제계, 과학계, 교육계, 언론계, 군인, 경찰, 법조계, 심지어는 길거리 노점상들에 이르기까지 다양하게 뿌리 내리고 있다. 이들 세력이 없으면 아무리 보수를 외쳐대도 활동에 제약을 받는 것이 정치판인 것이다.

이들이 이번 지방선거에서 왜 전멸 당했는가?

첫째, 첫 단추와 두 번째 단추를 잘못 끼웠기 때문이다.

보라, 이명박 정부의 '친이계'라고 자처하는 인물들과 이명박 전 대통령이 스스로 한 짓거리들을. 그는 고 김영삼 대통령 1주기를 맞아서 국립 현충원을 찾았을 때, 촛불시위를 빗대어 참담한 심정이라면서 현직 대통령인 박근혜를 비판하였고 그 졸개들인 '친이계'들은 박근혜 대통령 탄핵에 동참하였던 것이다. 만약 이때 이명박 전 대통령이 "최순실 한 개인의 탐욕이 빚어낸 사건에 불과하다"고 강력하게 주장했다면 친이계 좀비들이 박근혜 대통령 탄핵에 동참하지 않았을 것이며, 6.13지방 선거에서 우리 대한민국이 온통 좌편향된 푸른색으로 도배질은 안 됐으리라. 보라 그는 지금 어디에 있는가? 두 번째 단추를 잘못 끼운 건 박근혜 대통령을 끌어안지를 안했을 뿐더러 촛불세력과 맞서 싸운 태극기 세력과 손을 잡지 않고 무시했기 때문이다. 뿐만 아니라 홍준표 대표마저 박근혜 대통령을 출당시키는데 앞장섰던 것이다. 보라 박근혜 탄핵을 주도한 자들이 몸담고 있는 한국당과 바른미래당이 어찌 됐는가? 민초들의 울부짖음에 하늘이 천벌을 내린 것이다.

둘째, 조직을 키우지 못했다는 것이다.

무슨 조직이냐고? 여차하면 촛불 들고 나오는 길거리에서 흔히 볼 수 있는 조직들 말이다. 어느 기관이나 어느 단체든 이들 조직이 도사리고 있어 건전 사회를 불안하게 하고 있다. 그들은 참교육을 부르짖고 '모두가 평등한 세상 모두가 잘 사는 세상'을 부르짖는다.

보라, 안희정, 이윤택을 비롯한 수많은 좌파 인물들의 도덕적 파멸을. 그들은 생명존중, 인권존중, 평화, 성평등으로 포장한 그럴듯한 포장물들을 들고 나와 국민들을 현혹시키고 우파를 공격하기 위한 도구로 사용하고 있는 것을. 그래서 일단은 대선과 지방선거에서 성공했다.

이들처럼 조직을 키워라. 대[竹]숲에 가서 땅속으로 엉켜있는 대[竹]의 뿌리를 보고 무섭게 엉켜있는 그들의 조직을 보라, 겉은 곧고 속은 비어있다. 그러나 뿌리를 보면 소름이 끼친다. 조직을 키우되 소름이 돋는 조직을 키워라.

셋째, 태극기 세력을 끌어안지 못했다는 것이다.

태극기 세력을 끌어안기는 고사하고 좀비들은 이들을 무시까지 하였다. 그리고 박근혜 대통령 탄핵에 앞장선 배신자들을 지방선거의 전면에 세웠던 것이다. 문재인 정부가 들어서면서부터 남북한~미국과 북한 비핵화 작전은 이미 예상된 것이었음에도 이에 대한 아무런 대책을 세우지 못했다. 경우에 따라서는 적도 끌어안는 포용심과 용기가 있어야 한다. 바닷물을 보라. 공장 폐수마저 포용하고 있지 않는가?

이완구 전 총리는 지난 6월10일 송아영 세종시장 후보 기자간담회에 격려차 참석한 자리에서 홍준표 대표의 막말을 어떻게 생각하느냐고 어느 기자가 질문하자, "거대 정부 여당과 맞서 싸우려면 어쩔 수 없는 일"이라며 "홍준표 대표 말고는 그렇게 맞서 대결할 분도 없다"고 홍 대표를 감싸 안았다. 그는 이렇게 답변함으로써 교각살우(矯角殺牛)의 우를 범하지 않았던 것이다. 필자도 이 전 총리의 입에서 무슨 대답이 나오려나 궁금했다. 과연 큰 그릇[器] 다웠다. 그럼 그렇지. 이 전 총리의 이 같은 답변으로 볼 때 보수의 정신이 퇴색 됐다고 보아선 아니 될 것이다. 보수의 생명은 명예요 책임인 것인데 그는 많은 기자들 앞에서 대답하기 어려운 질문을 했는데도 보수의 명예와 리더로서의 책임을 지켰던 것이다.

그러니 희망을 갖자. 보수가 다 궤멸된 줄 알지만 아직은 아니다. 이번 선거에서 콘크리트 보수가 35%를 훨씬 넘게 살아있다는 것이 증명되었다. 아무리 문재인 대통령이 자기 측 후보들을 살리려고 휴전선을 넘나들고, 트럼프나 김정은에게 전화 걸어 6.13 지방선거 직전에 회담을 성사시키며, 자신의 얼굴을 전국 후보들에게 빌려줘 현수막에 내 걸게 했지만 콘크리트 절벽은 건재하였다.

넷째, 당선된 뒤에도 경찰 조사를 받는 이재명 여배우 사건이나, 허태정 발가락 사건, 드루킹 같은 호재가 한국당을 돕는데도 이를 활용하지 못했다. 민주당이 여행가다 참변을 당한 세월호를 이용한 정치적 기술을 배워야 할 것이다. 한국당은 천우신조(天佑神助)의 기회마저 놓쳤던 것이다.

결론을 맺자.

이번 지방선거의 결과를 보고도 보수를 지칭해 어부지리를 얻으려고 이리저리 기웃거리는 자들이거나 박근혜 탄핵에 참여했던 정치인들은 영원히 정치판에서 물러나야 할 것이다. 2년 뒤에 다가올 총선 쓰나미는 우리 국민의 재산은 물론 생명까지도 북으로 몰고 갈 것임에 틀림없다.

2년이 남았다. 정치는 생물이다. 2년 동안 어떤 일이 벌어질지 누구도 예측 못한다. 다만 준비하는 자만이 2년의 시간을 활용하여 기회를 얻을 것이다.

좀비만도 못한 인간으로 살아갈 것인가. 건전한 보수 정치인으로 나라를 이끌어갈 것인가?

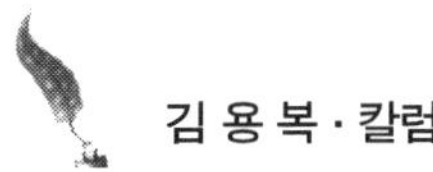

홍준표 대표와 내비게이션

자유한국당 홍준표 대표와 네비게이션은 공통점이 많다.

첫째, 본질에서 벗어나는 행동은 하지도 않으며 명령도 내리지 않는다는 것이다.

본질에서 벗어나는 행동, 즉 해당 행위를 하거나 자기편을 향해 화살을 쏘지 않고, 자기편에 불리한 명령은 내리지도 않는다는 것이다. 네비게이션도 자기 주인에게 피해가 되는 명령은 절대로 내리지 않는다는 점이다. 보라 박근혜 전 대통령 탄핵 당시 그를 과녁 삼아 화살을 날렸던 자들이 누구인가를. 그러나 홍 대표는 그런 짓거리는 절대로 않는 사람인 것이다. 이제까지 그가 내 뱉은 말이나 거친 언행들이 그것을 증명하고도 남는다.

둘째, 집요하다는 것이다.

홍준표 대표나 네비게이션은 목적중심이며 행동 지향적이다. 네비게이션은 자기 주인이 경로를 이탈하게 되면 안내하는 길로 돌아올 때까지 경로를 이탈했음을 집요하게 반복해서 알려줌으로 바른길로 돌아오게 한다. 과속방지턱이 있으면 있다고 안내하고, 감시 카메라가 있으면 속도를 줄이라고 안내하며, 그래도 말을 듣지 않으면 경고음을 울리면서까지 속도를 줄이게 한다. 홍준표 대표도 그렇다. 그는 자기 당원들을 이끌고 목적지를 향해 갈 때, 때론 거친 말도 하고 경우에 따라서는 경고음까지 사용한다. 그러나 그의 깊은 혜안을 모르는 당원들이나 국민들은 오히려 그를 비난한다. 무식하다고. 그러나 두고 보라. 과연 그가 무식한 리더였나를.

셋째, 시간과 공간을 예측한다는 것이다.

네비게이션은 인공위성에서 보내주는 GPS 신호를 정확히 받아서 도착 예정시간을 알려주고, 주변의 건물과 공간을 제공해 주어 정확히 목적지에 도착하게 해준다. 홍준표 대표도 sns나 자신의 페이스북을 통해서 자신의 당원들이 나아갈 바를 제시해 주고 따라오게 한다. 그러나 요즘 한국당 소속의 의원들을 보면 색맹인자가 더러 있고, 귀머거리도 종종 눈에 띈다. 아니면 정치에 대한 지능 지수가 낮아 홍대표의 의도를 알아채지 못하는 경우일지도 모른다.

그럼 보자. 홍준표 대표가 이런 청맹과니 [靑盲--] 의원들을 향해서 하소연 하고 있는 말을.

『내가 남과 북의 '동네북'이 됐다. 북쪽의 노동신문을 보면 연일 '역적 패당의 수괴 홍준표'라고 놀린다. 노동신문 사설에서 '역적 패당의 수괴', 오늘 또 노동신문의 기사를 보면 북에서 드루킹 그 사건을 자유

한국당에서 조작한 것이라고 한다. 북에서만 홍준표를 비난하는 것이 아니고, 요즘 다른 당에서 민주당, 바른 미래당, 민중당은 할 것 없고, 민평당, 정의당 죄다 연합해서 나를 비난한다.

그걸 뒤집어서 말해보면, 내 존재가 있다는 것이 자기들에게 너무나 부담이 된다는 말이다. 수월하게 선거를 치를 수 있는데 내가 있기 때문에 남쪽도 불만이 많고 북쪽도 불만이 많다. 말하자면, 내가 눈엣 가시고 거추장스럽다는 것이다. 그거 나는 나쁘게 생각 안한다. 오히려 그것이 기회가 될 수 있다. 우리당으로서는 우리당이 위기에 처했을 때 어떻게 대처했는가? 그걸 선거를 앞둔 후보님들이 명심하라고 이야기하는 것이다.

2000년 4월에 총선 사흘 앞두고 DJ가 남북정상회담을 마련했다. 역사상 처음 있었던 일이다. 그리고 우리 한나라당은 중진들을 다 쳐내는 바람에 한나라당 분할이 되어서 경상도에서도 참패한다고 언론이 도배를 했다. 그런데 찾아봐라. 도저히 한나라당은 2000년 총선을 끝으로 없어지는 당이라고 했다. 사흘 뒤 총선이 있었다. 그 총선에서 출구조사를 하면서 내가 어느 방송사라고 이야기는 안했다. 6시 '땡' 하니 출구조사해서 민주당 180석으로 보도했다. 한나라당은 내 기억으로는 80석이 안 되었다. 180석이면 개헌 가능 의석이다. 그런데 나중에 개표 결과 보니까 민주당이 참패했다. 한나라당이 대승을 했다. 남북정상회담이 먹히지 않기 시작한 것이 바로 그 때부터다.

두 번째, 2004년도에 총선을 앞두고 노무현 정부에서 대선자금 수사를 했다. 그 때 나는 전략본부장을 했고, 우리 이재현 선배는 사무총장 비대위원장을 했다. 그걸 하면서 대선자금 수사를 할 때 우리가 차떼기 정당으로 저쪽에서 몰아갔다. 그래서 당이 붕괴 일보직전이었다.

그런데 천막당사하고 당사 매각하고 그 절차 와중에 또다시 2004년 3월 12일로 기억하는데 노무현을 탄핵을 했다. 그 탄핵하고 난 뒤에 국회 탄핵투표 현장에서 정동영을 비롯한 몇몇 열린 우리당 위원들이 거의 절규하듯이 반대하고 그걸 물리치고 탄핵을 통과하는 것이 하루에 17시간씩 사흘을 방송에 내보냈다. -중략-

2007년도 10월에 대선을 뒤집기 위해서 노무현 대통령이 남북정상회담을 DMZ걸어서 넘어가는 세계적인 쇼를 했다. 그러나 두 달 뒤 있었던 대선에서 민주당은 참패했다. 우리가 대승했다. 이처럼 당이 지금보다 더 어려웠던 순간이 있었다.

2017년 1월에 박근혜 대통령이 탄핵당하고 구속되고, 5월 대선을 치를 때 우리당은 10%도 득표 못하는 탄핵정당으로 대선 치렀다. 그런데 2등 했다. 당의 면면은 국민이 유지할 수 있게 해줬다. 그럼 지금은 어떤가. 남북정상회담을 똑같이 세계적인 쇼로 이번이 세 번째 한 것이다. 우리 국민들은 이번이 처음인 것으로 착각하는 사람이 많은데 세 번째 한 것이다.

두 번에 걸친 남북정상회담은 북핵을 개발하고, 북핵을 진작(振作)시키고, 또 북핵을 만드는데 도와주는 회담이었다. 우리가 넘겨준 달러로 북에서 핵무기 만들었다.

DJ가 2000년 6월에 평양 갔다 와서 뭐라고 했나. 이제 한반도에 전쟁은 없다. 북은 핵을 만들 의사도 없고 능력도 없다. 안심해도 된다고 했다. 그런데 그게 세계를 속인 희대의 사기극이었다. 그렇지 않나. 마찬가지로 2007년도 노무현 대통령의 10.4선언을 봐라. 북의 핵 폐기 절차를 구체적으로 담았다. 2008년도 북은 냉각탑을 폭파하는 세계적인 쇼도 연출을 했다. 그리고 북핵을 포기했던가.』

-하략-

보라, 홍준표 대표의 피맺힌 절규를. 그는 이렇게 집요하게 당이 나아가고 국민들이 나아갈 방향을 네비게이션이 지시하듯 정확하게 제시하고 있지 않은가? 말해보라. 박근혜 전 대통령을 더불어 민주당과 합세하여 탄핵 시켜 놓고 이번엔 홍준표 대표마저 동네북을 만들어 똥친 막대기로 만들 것인가?

이완구 전 총리가 있다구? 그래? 그렇다면 6.13지방 선거는 어쩔 것인가? 박근혜 대통령을 탄핵시키고 홍준표 대표를 동네북으로 만든 졸개들이 이완구 전 총린들 그대로 두겠는가?

보라 홍준표 대표를. 그는 비록 동네북 신세가 됐을망정 흩어지고 있는 당의 민심을 집요하게 한 곳으로 모아가려하지 않는가? 경로를 이탈했다고. 그래서 경로를 재 탐색해서 바로 잡겠다고. 뭉쳐라. 6.13 지방 선거가 코앞에 다가왔다. 국민들은 현명하다. 그래서 박근혜 대통령의 탄핵에 가담했던 자들이 또 어떤 짓거리들을 하려는지 두 눈 부릅뜨고 지켜보고 있다.

필자는 이 글을 여러 종류의 인론에 게재하게어 많은 이들이 보고 판단하게 할 것이다.

공천 잣대의 기준을 조조에게 배워야

'6.13 지방선거'를 앞두고 더불어 민주당을 비롯해 자유 한국당, 바른 미래당의 광역 단체장이나 기초단체장 공천 결과를 놓고 탈락 후보들과 당원들간의 문제 제기와 비난이 거세지면서 내부 갈등이 격화되고 있는 형편이다.

각 당 대부분이 지방선거 공천 원칙을 클린(clean)공천으로 밝히며 후보자 특히, 자치단체장 후보에 대한 엄격한 도덕적 기준을 적용하겠다고 밝혔다. 그런 후 지역의 여론과 당정협의회 운영 상황 등 다양한 평가를 종합해 후보자를 선발해서 출발선에 세웠던 것이다.

그럼 보자. 각 당에서 경쟁이라도 하듯 깨끗한 후보를 엄선해서 공천하겠다는 이 말 '클린(clean)공천'. '병역기피, 세금탈루, 불법적 재산증식, 위장전입, 연구표절, 음주운전, 성 관련 범죄, 재산 은닉, 각종 투기, 청탁, 각종 방식의 해당 행위, 당의 정체성을 훼손한 발언과 행동, 불법이 아니더라고 사회적 지위를 이용한 갑질 행위 등, 이에 해당되지 않는 자를 공천하겠다는 것이다.

앞의 기준 말고도 중앙당에서 들이대는 잣대는 얼마든지 많고 요구

사항도 기지기지다. 이런 기준의 잣대를 들이댄다면 걸러들지 않을 후보가 어디 있겠으며, 최종적으로 남아 선수로 뛸 후보자가 어디 있겠는가? 역대 대통령이나 국회의원들과 지방의원들, 또한 중앙부처의 고급 관리들에게도 이 잣대를 대보라. 살아남을 자 누구인가? 그래서 조조의 인재 등용하는 법을 가지고 훈수를 두려 한다.

첫째, 조조는 훌륭한 목수는 좋은 연장을 쓴다고 했다. 무슨 말인가? 좋은 연장은 훌륭한 재능을 가진 인재를 말한다. 그러나 훌륭한 재능을 가졌다 해서 흠 없는 사람이 어디 있겠는가? 삼국지에 나오는 장비는 용맹하였으나 음주가 흠이었고, 주유는 아는 게 많고 학식도 풍부했으나 언제나 그의 자존심으로 인해 스스로 상처를 입었던 것이다. 또한 한명회나 유자광은 재능이 많았으나 그 야비한 성격 때문에 화를 입었고, 한신은 재능은 출중했으나 귀가 얇은 게 흠이었던 것이다. 최근 들어 각 분야에서 두각을 나타냈던 인재들이 미투에 걸려 줄줄이 쇠고랑을 찬 일들도 자신이 가지고 있는 흠 때문에 그런 것이 아니겠는가? 이로 볼 때 역사적으로 뛰어난 인재들도 재능과 결점을 동시에 가지고 있었던 게 사실이다. 따라서 앞으로 재범유무에 따라 인재를 골라써야지 클린공천의 잣대를 가지고 공천 한다면 과연 이에 적용될 대상이 얼마나 될까?

둘째, 조조는 세상이 곧 나의 스승임을 알아야 할 것이라고 했다. 무슨 말인가? 요즘 박근혜 전 대통령의 탄핵 사건을 보라. 클린 공천에 걸려들지 않는 깨끗한 사람이 행정이나 정치를 잘하는 것은 아니다. 역대 대통령들 가운데 위 공천 잣대로 잰다면 당연히 박근혜 전 대통령도 걸려들지 않을 정도로 깨끗한 인물이었던 것이다. 그러나 그는 사람을 부릴 줄 몰랐던 것이다. 권좌에 앉는 사람이라면 적재적소에 사람을 쓸 줄 알아야하며 부릴 줄도 알아야 할 것이다. 그러나 클린의 기준을 통과한 그는 사람을 부려 쓸 줄 몰랐던 것이다. 이처럼 인재를 등용하는데 그 사람의 도덕에만 얽매여 평가해서는 아니 될 것이다.

조조는 말했다.

"아침을 알리지 못한 닭도 지난 잘못을 뉘우치고 다시 한 번 울고 싶은 법." 이라는 속담을 인용하면서 품행이 좋지 못한 것은 잘못이지만 그것에 얽매여서는 안 되며, 잘못을 만회할 기회를 주어야 한다"고. 다시 말하면 용광로 속에 자주 들어간 쇠가 강철이 된다는 말과 같은 것이다. 과거에 얽매이지 않고 현재를 중시하는 조조의 정치철학 덕분에 많은 사람들이 그의 곁으로 구름떼처럼 몰려들었던 사실을 간과해서는 안 될 것이다.

셋째, 조조는 귀중한 것일수록 얻기 어렵다고 했다. 삼고초려(三顧草廬) 해서 얻은 제갈량을 보라. 중국의 삼국시대에 촉한(蜀漢)의 유비(劉備)가 남양(南陽) 융중(隆中) 땅에 있는 제갈량(諸葛亮)의 초려를 세 번이나 찾아가 자신의 큰 뜻을 말하고 그를 초빙하여 군사로 삼은 인재가 바로 제갈량이다. 이처럼 인재를 얻기 위해선 참을성 있게 노력해야 얻을 수 있는 법. 이렇게 모셔온 제갈량은 모든 일 처리가 분명하고 착실해서 위로는 유비 삼형제의 신임을 받고 아래로는 수많은 병사들에게 존경 받은 인물이었다. 귀한 인물을 얻으려면 클린 공천보다는 드러나지 않은 인물을 찾아 삼고초려 심정으로 했어야 한다.

유비나 조조는 자신들을 도와 천하를 제패할 인재들을 돈 보따리 들고 오거나 과거 한두 번의 실수도 없던 자를 찾지 않고 각 분야에서 능력 있는 자를 찾는데 주력했고, 모셔온 뒤로는 진심으로 그들을 대했던 것이다.

그러나 우리나라의 6.13지방 선거.

이제 코앞으로 다가 오고 있다. 과연 클린공천의 잣대를 들이대 선발된 선수가 얼마나 능력을 발휘 할 것이며, 공천에서 탈락된 선수들은 또 어떤 태도를 취할 것인가? 흥미진진한 이야기가 이전투구처럼 벌어지게 될 것이다.

사탕발림(赦蕩拔琳) 정책에 속지 말아야

사탕발림 [沙糖--]과 사탕발림(赦蕩拔琳)은 한자 표기는 다르나 발음과 사용되는 의미는 둘 다 '듣기 좋은 말로 남의 비위를 맞추어 달래는 일'을 뜻한다는 의미로 사용되는데 후자는 원소의 부하 진림에 관계되는 고사가 들어있다.

여기서 필자는 '사탕발림(赦蕩拔琳)' 이라는 단어를 택하여 논지를 전개하고자 한다. 최소한 지방 정부에서 만큼은 사탕발림 정책을 쓰지 말아야 한다.

무슨 말인가? 경기도에서 민주당 모 후보가 경기지사 후보로 확정될 경우 '3大무상복지를 경기도 전역으로 확대'하겠다고 '공약'한 것에 대하여 논란이 일고 있는 것이다.

그렇다면 '3大 무상복지'란 무엇인가?

첫째, 청년배당

둘째, 고등학생들에게까지 무상 교복 제공

셋째, 산후 조리비 지원

그러나 문제가 되는 것은 이에 필요한 재원조달이 걸림돌이 되는 것이다. 왜냐하면 연간 3033억 공공재원이 필요한데 이 거금을 어떤 세수로 충당할 것인가에 문제가 생기기 때문이다. 민주당 후보는 충분히 감당할 수 있다고 하나 시장 경험뿐인 그가 어찌 시(市) 보다 몇 배나 큰 경기도 살림을 알겠는가? 더구나 민주당 후보는 모든 수혜 계층에게 현금(지역 화폐 포함) 등을 지급하겠다는 방침이어서 경기도가 복지 포퓰리즘 논란의 중심에 서고 있는 것이다.

모 일간지 발표에 의하면 "지난달 경기도의 주민등록인구 현황을 기준으로 이 전 시장이 과거 성남시의 3대 무상복지 사업을 경기도에 그대로 적용한다고 가정하면 연간 총 3033억 원가량이 소요될 것으로 추정된다. 이는 올해 경기도 세출예산(21조6823억3107만5000원)의 1.39%를 차지하는 비용으로, 한 해 농정해양국 예산(3460억7749만3000원)과 맞먹는 금액이다. 수혜인구도 현재보다 13~14배 늘어날 것으로 보인다"는 것이다.

그래서 경기도 도민들의 이해를 돕기 위해서 조조가 포로로 잡혀온 진림에게 사용했던 사탕발림(赦蕩拔琳)을 가지고 한 마디 충언하고자 한다.

사탕발림(赦蕩拔琳)!

원소와 조조가 적이 되어 하북의 패권을 걸고 다투고 있을 때 원소 수하에 있던 문관 진림은 조조를 맹렬히 비난하는 격문을 썼다. 비난하되 조조만 비난한 것이 아니라 조조의 조상들까지도 조롱하고 비난

했던 것이다. 싸움에서 원소가 패하자 진림도 포로로 잡혀 조조 앞에 끌려 왔다.

극도로 화가 치민 조조 왈 "나만 욕하면 될 것이지 선대까지 조롱할 것은 또 무엇인가? 그 글이 심히 방자하도다." 하였다. 진림이 응대했다. "화살은 시위에 먹여지면 나아갈 수밖에 없습니다."

이때 조조의 머리에 섬광이 스쳤다. 이놈을 죽였다가는 선비까지도 죽인다는 조조의 만행으로 인해 화북의 선비들이 반란을 일으켜 자신이 화북지방을 차지하게 되는데 어려움을 겪게 되리라 생각했다. 그래서 너그러운 척 말했다.

"화살은 임자가 정한 방향에 따라 그저 나아갈 뿐인데, 그렇다면 그 글의 방자함도 글을 쓴 네놈의 뜻일 터. 살려 줄 테니 이제부터 나의 화살이 되도록 하라."

라고 하며 진림을 용서한 뒤 자기 신하로 삼았다. 사탕발림인 것이다.

왜 그런가 보자.

본래 조조는 서주에서 양민들까지도 학살하였으며 원소와 싸울 때도 살 길을 찾아 투항한 병사들을 산채로 묻어버리는 등, 제 기분에 따라 아무렇지도 않게 많은 사람을 죽인 잔인한 인물이었다. 이러한 자가 자신만이 아니라 선대까지 욕한 자를 풀어주고 수하에 둔 것은 그 배포가 넓어서가 아니라 그가 차지하고자 했던 화북지방을 차지하지 못했기 때문이다. 이것이 진림에게 내려진 사탕발림이었던 것이다.

진림의 방자함을 용서하고 수하에 두자, 화북의 수많은 선비들이 절개를 굽히고 조조에게 왔다. 그 후 조조에게 투항했던 선비들의 비참한 삶의 모습은 구태여 여기에 옮길 필요가 뭐 있겠는가? 조조의 사탕발림(赦蕩拔琳)에 속은 것을.

그래서 경기도 민주당 후보가 들고 나온 3대 복지정책. 왜 논란이 심한가? 나라살림이나 지방 살림은 시험의 대상이 돼서도 안 되고, 안 되면 말고 식의 행정이 돼서도 안 되기 때문이다.

이에 반해 남경필 경기지사는 3월12일부터 제4기 주민참여예산위원회 위원 40명을 공개모집한다고 했다. 주민참여 예산제도는 경기도 예산편성에 주민이 직접 참여할 수 있도록 한 제도이고, 주민참여 예산위원회는 주민 의견 수렴, 수렴된 주민 의견의 조치 방안 강구 등의 기능을 담당하게 하는 제도인 것이다. 남경필 지사는 선경지명이 있어 지난 2012년부터 주민참여예산제도를 운영해 왔던 것이다. 그는 사회적 약자와 다양한 계층의 주민들이 행복한 삶을 보장받기 위해 여성, 장애인, 청년, 다문화가족 등을 대표하는 위원들을 전체 위원회 구성원의 50% 이상이 되도록 할 예정이라 한다.

돌다리라도 두드려가며 확인하는 행정, 그런 행정이야말로 경기도민은 물론 나아가 우리나라 국민들 모두를 잘 살수 있도록 반석 위에 올려놓는 초석이 될 것이다.

그러니 나랏돈으로 퍼준다는 사탕발림에 속아서야 되겠는가?

자유 한국당의 자충수(自充手)

자유한국당이 6.13지방 선거에 내세우려는 후보를 공천하기 위해 만지작거리는 카드를 보니 자충수(自充手)를 두려는 게 틀림없어 훈수를 두려한다.

전상(戰場)에 임하려면 나를 먼저 알고 상대도 알아야 필승을 하게 되는데 자유한국당 중앙 간부들이 만지작거리는 공천 카드는 내가 내세우려는 후보에 대하여 인지도(認知度)만 가지고 전략공천하려 하기 때문에 문제가 있는 것이다.

그러나 이것만은 확실히 알자.

흘러간 물은 절대로 물레방아를 돌릴 수가 없다는 것을. 더구나 흘러내리며 아군에 걸림돌 역할을 한 인물들은 유권자들에게 역겨움만 안겨주게 된다는 사실을. 공천자 후보군에 올라 중앙당에서 만지작거리고 있는 몇 후보들을 볼 때 한두 후보들은 과거 정치판에서 아군에게 걸림돌 역할을 했을 뿐더러 피해까지 입혔던 인물들인 것이다. 지금도 생생하게 기억되는 그들의 과거 행적 때문에 가슴에 울분이 터지는 것을 금할 수가 없다. 더구나 이번 지방선거는 문재인 좌파정권에 의해 우리나라가 사회주의 공산체제로 몰락을 하느냐 자유민주주의 국가로 계속 이어 가느냐 하는 생존의 문제가 달려 있는 것이다.

임진왜란 당시 조선 정부는 일본 군사를 대적할 군사를 뽑을 때 머릿수만 채워서 신립장군에게 보냈다. 그들은 전투경험도 없고 일본에 대하여 알지도 못하였으며, 그들이 사용하는 조총의 위력을 너무나 몰랐던 것이다. 다시 말해 조선 정부는 지피지기(知彼知己)를 못했던 것이다.

이제 선거가 두 달밖에 남지 않았다.

이명박 정권 때 이달곤 행자부 장관이 시골 동네 이장 출신인 김두관 후보에게 패한 교훈을 삼고 후보 공천을 바르게 해야 한다. 그가 여성이면 어떻고 막말을 하는 후보면 어떠랴. 확실한 신념과 국가관, 거기에 정치경험이 풍부한데다가 스스로가 자원해서 나섰기 때문에 모병해 머릿수만 채워 내보내려는 조선시대 군사보다야 훨씬 낫지 않겠는가?

유권자의 민심을 얻기 위해서는 유권자가 바라는 후보로 공천을 하여야 적과의 싸움에서 필승을 할 수 있는 것이다. 홍준표 대표를 중심으로 한 지도부는 정치에 문외한(門外漢)인 젊은 유권자들 마음도 헤아려야 할뿐더러 '문재인 좌파 정권에게 표를 주지 않는다면 자유한국당에 표를 줄 거'라는 막연한 기대감도 버려야 할 것이다.

선거는 그가 가지고 있는 조직과 유권자들의 인지도가 필요하다. 그러나 유권자들의 가슴에 깊이 상처를 남긴 후보들의 인지도만을 가지고는 성공할 수가 없다. 지난 일 년 동안 유권자들의 민심을 얻기 위해 발이 달토록 지역을 위해 활동한 후보들을 외면하고 선거의 기본조차 망각한 공천으로 선거에 임한다면 백전백패가 당연지사가 될 것이다.

더구나 스스로 하겠다고 나서지 않는 후보를 억지로 공천한다면 그 뒤 감당을 어찌해야 할 것인가도 염두에 두어야 할 것이다. 왜냐하면 일단 후보로 공천 되면 그의 과거 행적이 낱낱이 파헤쳐지게 되는데 이 때 선수를 바꿀 수도 없는 일이고 그 후유증을 어떻게 감당할 것인가?

그래서 훈수를 두는 것이다.

흘러간 물로는 물레방아를 돌릴 수 없으며, 더구나 아군에 걸림돌을 만들며 흘러간 물을 공천한다면 그것이야말로 국민들을 우롱하는 일이며 또 한 번의 상처를 안겨주는 일일 것이다.

정치는 이성적 이념과 공법적 가치를 실현한다하지만, 엄격한 윤리가 뒷받침돼야 하며, 개인의 윤리와 공공의 복지라는 정치적 윤리도 추구되어야 할 것이다. 세월이 지나고 국민들이 더 성숙해 질수록 어느 정당이든 정치가 아무리 개판이라고 비판을 받더라도 당헌과 당규는 철저히 지켜져야 하고, 철새처럼 행동했던 자는 공천후보에 올리지도 말아야 할 것이다. 홍준표 대표가 "공천은 권한이 아니라 의무와 책임"이라 했다. 이번에 후보로 거론되는 인물들은 스스로를 생각해보라. 공천 후 몰려오는 채찍을 어떻게 감당할 것인가를.

안희정과
뫼비우스의 띠

爲民上者(위민상자) : 백성의 윗사람이 된 자는

不可不持重(불가불지중) : 몸가짐을 신중히 하지 않으면 안 된다.

斷酒絶色(단주절색) : 주색을 끊으며

屛去聲樂(병거성락) : 소리와 풍류를 물리치고

齊速端嚴(제속단엄) : 공손하고 단정하며 엄숙하여

罔敢遊豫(망감유예) : 유흥에 빠져 정사를 어지럽히며

以荒以逸(이황이일) : 시간을 헛되이 보내는 일이 없어야 한다.

앞의 글은 목민심서(牧民心書) 부임육조(赴任六條)에 기록된 목민관의 태도에 대하여 한 말이다. 그런데 보자. 안희정 전 충남지사의 성추행과 성폭행에 대한 이야기.

지난 5일 JTBC에 출연한 김모 정무비서는 지난해 6월부터 8개월 동안 안 전 지사로부터 4차례 성폭행 당했고 시도 때도 없이 성추행을 겪었다고 폭로했다. 김 비서에 따르면 안 전 지사는 지난해 7월 러시아 출장과 9월 스위스 출장 중 성폭행을 저질렀고, 미투 운동이 확산되던

지난달 25일에도 성폭행했다고 털어놓았다.

어찌 보면 서지현 검사의 '안태근 전 검사장 성추행' 폭로로 시작된 '미투(MeToo · 나도 고발한다)'는 향방이 뫼비우스의 띠처럼 돌고 돌면서 문화예술계로 확산되더니 그 파장이 정 · 관계 등 현실 권력의 본산까지 이르고 있는 실정이다.

생각해보라 '뫼비우스의 띠'.

어느 지점에서 띠의 중심을 따라 이동하다보면 제 자리에 도달하게 되는 것이 뫼비우스의 띠인 것이다. 다시 말해 상대편을 괴멸시키기 위해 시작한 것이 상대는 물론 자기편까지도 괴멸 당하게 된다는 것이 뫼비우스 띠의 교훈인 것이다.

이 뫼비우스 띠의 돌고 도는 흐름은 유력한 차기 대선 주자마저 비참하게 주저앉히고 앞으로 어떤 위선자가 거짓된 가면을 벗게 될지 아무도 모르는 상황이 되고 말았다.

당시 안 전 지사는 충남도청에서 미투 운동을 "남성 중심적 성차별 문화를 극복하는 과정"이기에 바람직한 운동이라고 칭찬하기도 했다는데, 그런 그가 몇 시간 뒤 김 여비서를 불러놓고 'TV에 방송되고 있는 미투를 보니 너한테 상처가 되는 것인 줄 알게 됐다, 미안하다'고 하면서도 성폭행을 자행했다고 한다.

사회 지도자들의 성추행이나 성폭행은 인류 역사가 시작되면서 있어온, 신이 인간에게만 부여한 성적 본능 때문에 일어나는 것이다.

자, 한 가지 보자.

조선 중기의 문신 김효성(金孝誠)에 대한 얘기다. 그는 강직한 성품으로 선정을 베풀어, 청빈한 목민관으로 이름을 떨쳤던 인물이다. 그에게는 사랑하는 여인이 많았다. 하루는 공이 밖에서 들어오다가 문득 보니 부인의 자리 옆에 승(僧)복이 놓여 있었다. 이를 본 공이 물었다.

"저 승복은 어디에 쓰려는 것이오."

그러자 부인은 정색을 하며 대답하였다.

"당신이 뭇 첩들에게 혹하여 소첩을 원수처럼 대하시기에, 저는 중이 될 각오를 하고 준비해 놓았소."

공이 웃으며 말했다.

"나는 본래 호색하여 기녀(妓女)·여의(女醫)로부터 양인(良人)·천인(賤人)·현수(絃首)·침선비(針線婢)에 이르기까지 자색만 있다 싶으면 반드시 모두 정을 통하였소. 그런데 여승의 경우에는 아직 한 번도 가까이한 적이 없었소. 그대가 여승이 될 수만 있다면 그는 정작 내가 바라는 바요."

부인에게도 정을 통하는 사랑을 해주겠다는 사죄의 표현이었던 것이다.

그러나 안희정 전 충남 지사는 사죄는 하지 않고 사과만 하고 떠났다. 그도 아내가 있고, 자녀도 있을 것이다. 또한 그와 피를 나눈 형제들과 부모 형제, 일가친척은 물론 그를 추앙하고 떠받들던 무리들도 있을 것이다.

그동안 그의 행보는 스스로를 '민주주의자' '인간주의자'로 불러왔으며, 성소수자와 외국인 등 소수자들의 인권 보호에도 힘써왔던 인물이다.

말해보라.

당신의 아내와 가족, 그리고 일가친척이나 추종자들에게 무언가 한마디는 해야 하지 않겠는가? 두고 볼 것이다. 그대에게 성추행과 성 폭행을 수시로 당했던 여비서가 서울서부지검에 고소장을 제출했다기에 법정에서 어떤 태도를 취할 것인가를.

그리고 이번 6.13지방 선거에 출마하려고 목소리 드높이는 어르신(?)들. 뫼비우스의 띠는 모두를 가리지 않고 돌고 돈다는 것을 명심하기 바란다.

홍준표 대표의 막말에 대하여

홍준표 대표가 막말을 한다고 비아냥거리는 사람들이 더러 눈에 띈다. 홍준표 대표가 왜 막말해야 되는지에 대한 결론부터 말하고 논지를 전개해야겠다.

그 막말이 뭐 어때서? 지금 운전석에 앉아서 운전하고 있는 운전자의 난폭운전으로 인해 수많은 국민들이 어지럼증을 앓고 있는데, 그걸 보며 야당 총수라는 분이 가만히 있으란 말인가?

자, 반론을 제기해보라. 홍준표 대표의 말이 왜 구화지문(口禍之門)이 아닌가를.

2014년 2월 27일 홍준표 대표가 경남도지사 시절 민주노총 소속의 진주의료원을 강제 폐쇄시킬 때도 그는 욕 한 마디 하지 않은 사람이다. 진주의료원이 어떤 곳인가? 의사와 간호사가 3백여 명이나 되는 곳이다. 거기에 민주노총이라는 강성 노조를 등에 업고 있는 단체였다.

진주의료원 정상화로 인하여 전국에 있는 의료원이 지금은 정상화

되었다 한다. 홍준표 대표 말고는 그 누구도 실천으로 옮길 수 없는 일이 아니던가?

어디 그뿐 만이던가?

2016년 6월 1일 경상남도가 1조 3488억 원의 채무를 갚는 모든 과정에서도 반대하는 자들과 거친 소리 한 마디 하지 않은 그였다. 그가 거친 말을 쏟아내는 것은 같은 당 소속, 국회의원 패거리들에게 박근혜 전 대통령이 탄핵되고, 현 정부가 들어서면서부터 적폐청산이라는 미명 아래 내 편에게는 칼을 대지 않고 네 편에게만 칼을 대는 행위를 보고 쏟아내고 있는 것이다.

홍준표 대표도 자신을 둘러싼 막말 논란에 대해서도 해명했다.

"내가 즉흥적으로 이야기하지 않는다. 수없이 생각하고 이런 말을 하면 어떤 반응이 어떤 식으로 나올까(생각하고 말한다.)"

자, 대보라, 홍준표 대표가 막말을 한다고 비아냥거리는 사람들은 홍준표 대표의 어떤 곳에서 어떻게 내 뱉은 말이 귀에 거슬렸던가?

지금 우리나라는 홍준표 대표 말고는 좌편향된 정권과 맞서 싸울 대안이 없는 것이다. 홍 대표는 거친 말을 내 뱉되 신중하고, 귀에 들어간 말이 즉흥적으로 튀어나오지 않으며, 남의 인격이나 자존심을 건드리는 말은 가급적 하지 않는 리더인 것이다. 거기에 법 논리에 밝고 정치나 행정 경험이 풍부한 보기 드문 인재인 것이다.

그런 그가 또 '6.13지방선거'를 앞두고 원외 당협위원장들에게 '책임공천' 정신을 거듭 강조하며 말했다.

"싸울 때는 '찌른다, 찌른다'라고 그러면 (상대가) 겁을 안 먹는다." 면서 "못 달려들도록 그냥 푹 찔러버려야 한다."고. "그냥 푹 찔러버려야 한다."는 이 말도 어찌 들으면 거르지 않은 거친 말로 들릴 수 있다. 그러나 푹 찔러서 상대를 KO시켜야 내가 살 수 있는 것이다. 이런 정신이 홍준표의 정치철학인 것이다. 이런 철학이 없는 자들은 아예 지방선거에 나서지 않는 것이 자신도 살고 지방도 살게 되는 것이며, 더 나아가 나라도 살게 되는 것이다.

돈푼이나 있다고 확실한 국가관이나 정체성이 없이 정치판에 뛰어든다면 나라꼴이 무엇이 되겠는가?

광역단체장은 중앙에서 공천하고, 기초단체장과 그 외 지방의원이나 구의원에 대해선 해당 지역의 당협위원장과 국회의원이 공천하되 그 결과에 책임을 져야 한다는 주문이다. 젯밥에만 마음이 있고 염불은 녹음기를 틀어놓고 하는 행위를 해서는 안 된다는 것이다.

그러니 홍 대표가 올해 들어 줄곧 강조해 온 책임공천에 대하여 공천권을 부여받은 자들은 책임의 의무를 성실히 이행하기 바란다.

그리고 홍준표 대표께서도 당과 나라를 위해서 이것만은 알아야 할 것이다. 지금 자유 한국당도 붕괴 직전에 있다는 것을 알만한 국민들이라면 다 아는 사실이다. 그러니 홍대표께서 작은 정치인 시절에(새누리당 의원, 경남도지사 등)는 작은 단위의 장(長)이었지만, 지금은 대한민국을 책임지고 국민들에게 희망을 심어주는 유일한 대안자인 것이다. 거친 말을 꼭 하려면 막말을 할 수 있는 대변인을 수하에 두어서 그 사람으로 하여금 하게 하고 대표께서는 꾹 참고 내 뱉는 말을 중천금으로 삼아야 할 것이다.

이순신장군께서도 '함부로 망동하지 말고, 정중하기를 태산같이 하라(勿令妄動 静重如山)고 하셨다. 또한, 한 번 부지런하면 천하에 어려운 일이 없고, 백 번 참으면 가정에 큰 평화가 온다(一勤天下無難事 百忽堂中有泰和)고 하였다. 그러니 대한민국의 마지막 희망인 홍대표께서 막말 때문에 흠집이 생겨서야 되겠는가?

이번 6.13선거에 나서려는 후보자들은 홍준표 대표가 "공천은 권한이 아니라 의무와 책임"인 것이라 한 이 말, 가슴 깊이 새겨두고 처신해야 할 것이다. 두고 볼 것이다. 어떤 공천권자의 어떤 갑질 행위가 홍대표에게 막말을 하게 하는 빌미를 주게 되는가를.

홍준표 대표와 7인들

자유한국당 4선 이상 중진의원인 심재철 · 이주영 · 정갑윤(이상 5선) 의원과 나경원 · 유기준 · 정우택 · 홍문종(이상 4선) 의원 등 7명은 12일 '최고위원 · 중진의원 연석회의 재개'를 거부한 홍준표 대표를 향해 "독선적 태도로 당의 위기를 심각하게 만들고 있다."고 비판하고 나섰다.

게다가 김태흠(재선) 최고위원은 별도의 성명서를 통해 "최고위원회의가 홍 대표의 독단적 사당화의 도구로 전락했다."며 "우리 당이 국민의 지지를 회복하지 못하는 것은 홍 대표의 품격 없는 막말, 원칙 없는 독단적 당 운영으로 인한 것"이라며 홍 대표의 합리적 당 운영을 촉구했다.

7인의 의원들이 들고 나온 비판의 요지를 보면 이렇다.

1. 오직 당과 나라를 걱정하는 차원에서 제기한 중진의원들의 합당한 요청을 인신공격적 언사마저 동원해 비난하고 걷어차 버렸으며

2. 홍대표는 자신의 생각만이 옳고 어떤 쓴 소리도 듣지 않으려는 당 대표의 태도는 국민이 우려하고 우리가 그토록 비판하는 현 정권의

독선적이고 잘못된 국정운영 방식과 무엇이 다른지 묻지 않을 수 없고,

3. 게다가 6·13 지방선거를 앞두고 한국당이 지지율 답보 등 위기에 처했는데도 "홍 대표 본인의 독적이고 비화합적인 비호감 정치에 문제의 본질이 있다는 지적을 홍 대표 본인만 들으려 하지도 않는 게 위기를 더욱 심각하게 만드는 것이다.

4. 이런 상황에서 당 대표라면 쓴 소리든 바른 소리든 가리지 않고 경청해야 하는데 시종일관 원맨쇼 하듯이 당을 이끌고, 충정 어린 비판을 인정하려 들지도 않는 독선적 태도로 어떻게 이 위기를 극복하고 대체 수권세력으로 인정받을 수 있을 것인가"라고 질문을 던지고,

5. 당 대표 1인의 사당적 욕심 때문에 대한민국 유일 보수적통 정당인 한국당이 지리멸렬의 길을 계속 걸어갈 수 없다.

6. 따라서, 최고위원·중진의원 연석회의를 비롯한 정치적 회의체의 활성화 및 현안 논의, 당 대표의 부족한 소통 및 공감능력 극복 등을 홍 대표에게 촉구한다.

참으로 안타까운 일이다. 왜냐하면 문재인정부의 종횡무진을 막을 수 있는 제1야당에서 내부적인 갈등이 밖으로 표출된다는 점에서 그렇다. 그래서 안타까운 심정에서 훈수 좀 둬야 겠다. 특히 중진이라고 자처하는 의원들이나 1,2선밖에 안 되는 초보의원들과 홍대표마저도 귀담아들어야 할 것이며, 박근혜 전 대통령을 탄핵시키고 당을 뛰쳐나갔던 무리들도 귀담아들어야 할 것이다. 자신들의 주판알 튕기기보다

는 나라가 우선이기 때문이다.

훈수를 두기 위한 역사적 자료 1,

- 주군(主君)을 배반해 죽였거나 죽게 만든 인간들 -

①공민왕과 신돈. ②연산군과 임사홍, 유자광. ③광해군과 이이첨. ④인조와 김자겸. ⑤이승만과 이기붕. ⑥박정희와 김재규. ⑦박근혜와 그를 축출하기에 앞섰던 일당들.(그들 가운데는 잘못을 뉘우치고(?) 돌아온 자도 있고 아예 새 살림 차리고 나간 자들도 더러 있다.) ⑧하(夏) 나라 걸왕과 말희라는 여인. ⑨은나라 주왕과 달기. ⑩당나라 현종과 양귀비.

훈수를 두기 위한 역사적 자료 2.

- 주군(主君)을 도와 충성을 다했거나 성군(聖君)을 만든 위인들 -

①이방원과 정도전. ②정조와 홍대용. ③전두환과 장세동 ④김대중과 전라도 도민들. ⑤당태종 이세민과 위징(중국)

이 정도만 나열해도 역사자료 ①과 ②에 속한 인물들이 어느 부류의 인물들인지 필자의 설명 없이도 곧 알아차릴 수 있을 것이다. 그래서 붕괴 직전의 한국당 소속 정치인들에게 당태종과 위징을 예로 들어 훈수 좀 두려 한다.

자, 그럼 보자. 성군 이세민을 있게 만든 위징의 이야기를.

이세민은 그의 형 이건성을 죽이고 보위에 오르고, 조선시대 이방원은 그의 형 이방간을 죽이고 보위에 오른 인물이다. 이세민과 이방원의 살인행위를 말하려는 게 아니라 이세민의 부하인 위징의 이야기를 하려는 것이다.

본래 위징은 이건성이 황태자로 있을 때 그에게 아우 이세민을 제거하라고 간언했던 신하였다. 아우인 이세민을 죽여야 당신이 황제가 될 수 있다고. 그런데 형 이건성 태자는 아우를 어찌 죽일 수 있느냐고 말을 듣지 않다가 결국 626년, 현무문의 변이 터지자 당시 28세의 동생 이세민에게 살해되었다.(당시 이건성 나이 38살).

형을 죽이고 황제에 오른 태종(이세민)은 자신을 죽여야만 한다고 형에게 간했던 위징을 죽이지 않고 자신의 신하로 삼았던 것이다. 왜 그랬을까? 위중을 불러들여 문초했다.

"왜 형제를 이간질하여 나를 죽이려고 했느냐?"

"그때 이건성 태자께서 제 말을 들으셨다면 지금의 황제도 없었을 것이고, 저도 오늘과 같은 참변을 당하지 않았을 겁니다."

변명하지 않고 이실직고했던 것이다. 궐내가 얼어붙고 누구나 '위징은 이제 죽었구나.' 생각했을 것이다. 그러나 태종은 웃음을 터뜨리며 위징을 간의대부에 임명했다.

통치자의 리더십인 것이다. 실개천도 포용할 줄 아는 바다의 넉넉함. 태종 이세민에게는 그런 넉넉함이 있었던 것이다. 위징에 대한 사료(史料)가 또 있다.

626년에 당나라에 징집문제가 있었다. 그때, 태종은 신하들의 의견을 받아 성인이 아니더라도 체격이 좋은 청소년들을 징집해서 병사로 활용하도록 조서를 내렸다. 그런데 시간이 한참을 지났는데도 시행이 안 되니 궁금해졌다. 후에 태종이 알아본 결과 자신의 조서를 위징이 가지고 아래 신하들에게 전달하지 않았다는 것이다. 열 받은 태종은 위증을 내치려 했다. 그러자 위징이 간언을 했다.

"젊은이들 모두를 징집한다는 것은 후대 씨를 말리는 것입니다. 또한 징병을 많이 한다고 해서 군대가 강해지는 것이 아니고, 군대의 힘은 머릿수가 아닌 훈련과 지휘의 힘인데, 연못물을 다 빼버리면 당장은 물고기를 많이 잡겠지만 이후에는 연못에 물고기가 아예 없게 됩니다."

결국 위징의 말대로 성인(18세 이상) 사내들만 징집했다고 한다.

그 일이 있은 후 어느 날 위징이 병을 앓다가 63세에 죽었다. 그의 죽음을 애달파하던 태종은 위징이 죽은 후 비문을 직접 썼다. 그리고 신하들을 둘러보며 이렇게 말했다.

"구리로 거울을 만들면 의관을 단정히 할 수 있고, 옛날을 거울로 삼으면 흥망을 알 수 있다. 또한 직언하는 이들을 거울로 삼으면 득실을 밝힐 수 있는데 내가 허물을 막을 수 있었던 까닭은 이 세 가지 거울 덕분이었다. 하지만 위징이 세상을 떠났으니, 거울 하나를 잃어버린 것이다."

다시 홍준표 대표 이야기로 돌아가자.

이번 당내 활성화를 위해 '최고위원 · 중진의원 연석회의 재개'를 요구한 7명의 의원들의 면면을 부정적으로 평가하면서 홍준표 대표는 이들에게 '선당후사'를 촉구하였다 한다. 왜냐하면 이들 7인들은 위징과 같은 거울이 아니라고 생각했기 때문일 것이다.

물론 이들의 말도 일리가 있다. 그러나 되새겨 보자. 박근혜 전 대통령이 탄핵이 되고, 촛불세력들이 거리를 활보하며 종편 방송들이 입을 모아 나라를 난도질할 때, 그리고 '적폐청산'이라는 미명 아래 네 편에게만 칼질하며 전직 관료들이 줄줄이 쇠고랑 차고 감옥에 갈 때 그대들은 무슨 일을 해서 국민들 마음을 어루만져 주었는가?

결론을 내자. 홍준표 대표도 귀담아듣고, 중진들이라고 자처하는 이들도 귀담아들어야 할 것이며, 1,2선 밖에 안 되는 풋내기 금배지들도 귀담아들어야 할 것이다. 결국 지금 좌편향으로 좌초되고 있는 '대한민국'호를 침몰에서 구할 인물은 홍대표 말고는 대안이 없다. 그의 막말이 듣기에 거북하다고? 물론 그럴 수도 있다. 그러나 과거에도 그가 그랬나 생각해보라. 나갔다 들어온 자들이나, 그동안 집을 지키고 있던 자들이나 한두 번 금배지 달아본 새내기들이나 우선 홍준표 대표를 중심으로 뭉치기 바란다. 나라가 망하는 첫째 이유는 내부 분열인 것이다. 내부의 화합단결 없이는 지금의 대한민국을 좌파의 종횡무진으로부터 구할 수 없다.

홍준표 대표는 비록 위징이나 장세동 같은 심복이 없고, 전라도 도민들이 고 김대중 대통령에게 한 것처럼, 경상도 도민들이 똘똘 뭉쳐 힘을 보태주지 않는다치더라도 심안(心眼)이나 영안(靈眼)을 가지고 당과 나라를 위해서 이들 중진의원들의 어깨를 두드려 가며 나라를 살리는데 최선을 다하기 바란다. 또한 성명을 발표한 7인들도 자료 ①번의 위인들처럼 처신할 것인가? 아니면 ②번의 인물들처럼 당 대표와 함께 나라를 위해 헌신할 것인가? 태도를 분명히 해야 할 것이다.

사료(史料)를 한 번 더 보자. 강력한 훈수를 두기 위해서다. 선조 때 월사(月沙) 이정귀(李廷龜, 1564~1635)의 〈학질을 쫓아 보내는 글(送瘧文)〉에 있는 내용이다.

國必自伐 而後外寇伐之 人必自戕 而後客邪戕之
(국필자벌 이후외구벌지 인필자장 이후객사장지)
나라는 반드시 스스로 친 뒤에 외적이 와서 치고,
사람은 반드시 스스로 해친 뒤에 삿된 기운이 와서 해친다.

홍대표가 나라를 구하려는 결심이 있다면, 이들 7인 중진의원들의 충심어린 간언을 당태종 이세민처럼 귀담아 들어야 될 것이며, 따라서 이들 7인의 중진의원들과 김태흠 최고 의원도 성명이나 발표하는 짓거리들을 하지 말고 홍대표에게 힘을 실어줘야 할 것이다. 홍대표 말고는 대안도 없고 좌파 정권과 당당히 맞설 위인도 없다는 것을 마음 깊이 새겨 과거 집나간 똘마니 정치인들처럼 가볍게 행동하지 말기를 거듭 당부하는 바이다.

그리고 국민들도 막말하는 홍대표에게 돌만 던지지 말고 답답한 홍대표의 괴로운 심정을 십분 이해하기 바란다. 지금 정치권 돌아가는 꼴을 보라. 막말하지 않고는 병들어 죽을 지경이 돼버렸지 않은가?

저 언덕을 넘어서

김용복 칼럼집

발 행 일 | 2018년 11월 10일
지 은 이 | 김용복
발 행 인 | 李憲錫
발 행 처 | 오늘의문학사
출판등록 | 제55호(1993년 6월 23일)
주 소 | 대전광역시 동구 대전로 867번길 52(한밭오피스텔 401호)
전화번호 | (042)624-2980
팩시밀리 | (042)628-2983
홈페이지 | http://www.lito77.co.kr(홈페이지)
전자우편 | hs2980@hanmail.net

공 급 처 | 한국출판협동조합
주문전화 | (070)7119-1752
팩시밀리 | (031)944-8234~6

ISBN 978-89-5669-957-8
값 15,000원

* 이 책은 ㈜교보문고에서 E-Book(전자책)으로 제작 · 판매합니다.
* 잘못 제작된 책은 바꾸어 드립니다.
* 이 책은 대전문화재단 과 대전광역시 에서 사업비 일부를 지원받았습니다.